AF724143

S

# ESQUISSE GÉOLOGIQUE

DE LA

# TURQUIE D'EUROPE,

PAR

**M. A. BOUÉ.**

BIBLIOTHÈQUE ROYALE

PARIS,
IMPRIMERIE DE BOURGOGNE ET MARTINET,
30, RUE JACOB.
1840.

S. 23717

# ESQUISSE GÉOLOGIQUE

DE LA

# TURQUIE D'EUROPE.

---

### § 1er. Formations des schistes cristallins et demi-cristallins.

La Turquie d'Europe et d'Asie participe tout-à-fait aux caractères géologiques de la zone méditerranéenne en n'offrant presque pas de terrains primaires (intermédiaires des auteurs), et aucune trace de terrain houiller et des autres dépôts secondaires entre ce dernier et le grès vert. De toutes les formations les schistes cristallins, les terrains du système crétacé et le sol tertiaire occupent le plus de place en Turquie, et même ces deux derniers surpassent en étendue les schistes cristallins.

Les plus grandes chaînes turques de *schistes cristallins* sont le Despoto-Dagh et le Perin-Dagh avec leurs prolongements à travers la Macédoine jusque vers le Vardar et au S. du groupe de Karatova. La presqu'île de la Chalcide en est aussi composée, et est unie aux crêtes précédentes par une arête de composition semblable. Le Rhodope est lié au Haut-Balkan par des arêtes de la même formation s'étendant de Doubnitza à Ichtiman et Sophie. Elle comprend encore les crêtes à l'E. de cette dernière ville, une partie du Soumoughou-Balkan, le Balkan d'Etropol et de Sladia, tout le Haut-Balkan jusqu'à Tschipka. Depuis ce point, le massif schisteux se rétrécit et vient se terminer entre Tzrkva (Czirkoua des cartes) et Islivné. La chaîne côtière de la mer Noire, depuis Karabounar jusqu'au-delà de Kirklissé, est en grande partie d'une nature analogue. Le groupe des sommités de Karatova, en Macédoine, est bordé, vers le Strymon et Kostendil, par des montagnes schisteuses qui enclavent aussi la vallée d'Égridere et celle de la Morava supérieure jusque vers Nisch. Elles comprennent aussi le Kourbetska-Planina, le grand groupe du Schiroka-Planina, le Kara-Dagh en Macédoine, les montagnes de Katschanik, la partie macédonienne du Schar, les montagnes entre Kalkandel et Perlepe, les chaînes sur les bords de la plaine de Bitoglia et de Florida, les montagnes de Klisoura, à l'E. du lac de Castoria, celles en partie à l'E. de la vallée du Drin noir, les chaînes de la vallée de Stroumnitza, tout l'Olympe et les montagnes maritimes de la Thessalie. En Servie, la même formation compose, surtout au S., le Jastrebatz et le Temnitscha-Planina, qui forme le bord occidental de la Morava jusqu'au N. de Jagodin. Des micaschistes et des schistes argileux se voient dans le S.-O. de la Servie, autour d'Oujitze, entre Kremnitza et le Joschanitza-Rieka, dans le mont Jelitza, autour de Stoudenitza, etc. Les gneiss se prolongent dans le N.-E. de la Servie, depuis le Bannat, à travers le Danube, entre Loupkova et Drenkova, et entre Kasan et Scinica, en particulier dans le mont Mirotsch, entre Poretsch et Brza-Palanka, entre ce dernier bourg, Mosna et Tzernaika, à Goloubinie (micaschiste), ainsi qu'à la Porte-de-Fer, entre Orschova et Kladova. Enfin, les hauteurs au S. des bouches du Danube sont peut-être aussi une dépendance de ce sol ancien.

*Composition*. Les parties les plus cristallines sont, dans la Servie orientale et méridionale, sur les bords de la Morava supérieure, depuis Vrania à Ropotov, dans les monts au S. de Kostendil, dans le Rhodope, entre cette chaîne et l'Hæmus, entre Harmanli et Hasskoë, en Romélie et dans une partie de la chaîne côtière de la mer Noire. En Macédoine et dans la Chalcide ce sont des gneiss plus ou moins feldspathiques ou micacés et plus rarement quarzeux. Ils sont quelquefois fort décomposés ou terreux, comme près de Lisitza, à l'E. du lac de Castoria, et à l'O. de Florida, où ces roches désagrégées en caolin sont associées avec du talcschiste à rognons de quarz. Ils renferment des petits filons granitoïdes, et sont aussi traversés par de gros filons et des bancs de granite, ce qui est en particulier le cas dans beaucoup d'endroits du Rhodope. Les petits filons granitoïdes s'observent quelquefois sans qu'il y ait à la surface aucune apparence de l'existence du granite dans le voisinage, ce qui est tout le contraire des rapports géologiques, dans lesquels se trouvent à l'ordinaire les grands filons.

Les seules roches subordonnées des gneiss sont des *leptynites*, des *bancs très amphiboliques*, de véritables *amphibolites*, du *grenat en roche* et du *calcaire grenu*. Le remplacement du mica du gneiss par plus ou moins d'amphibole est un accident bien connu et s'offrant presque dans tous les grands massifs de schistes cristallins. On en trouve de bons exemples dans le defilé entre Scala et Vistritza, au N. de la plaine de Seres, dans le bassin du Bistritza, à l'O. de Kostendil, etc. Les *amphibolites* véritables sont plus rares; quelquefois elles sont composées seulement de cristaux plus ou moins volumineux d'amphibole noire ou verte-noirâtre (couvents de Rilo et près de Lisitza), ou bien elles sont mélangées de feldspath blanc ou rouge, de mica, comme sur les bords du Lepenatz et du Bistritza, à l'O. de Samakov, à Joschanitza et Bania (dans le S. de la Servie), où elles sont dans du micachiste. Plus rarement on y rencontre de la chaux carbonatée, dans le voisinage de masses calcaires. Il y a aussi accidentellement des veinules d'épidote, des pyrites et des grenats. Nous n'avons pas vu de véritables diorites, mais bien des amphibolites schisteuses, comme entre Samakov et Gibran-Han, et dans cette masse epaisse de roches amphiboliques enchâssées dans les micaschistes feldspathiques et les gneiss sur les bords du Lepenatz, à 3 l. au N. d'Uskioub.

Les environs du couvent de Rilo dans le Rilo-Dagh, la pente septentrionale du mont Kreschna, les montagnes au S. de Samakov, et entre Bania et Razlouk, offrent de bons exemples de roches amphiboliques. Pres du couvent de Rilo une belle variété d'amphibolite pure nous rappela celle de Glen-Croe, dans l'Argyleshire en Ecosse. Les amphibolites ne sont pas toujours voisines des éruptions granitiques ou siénitiques comme au couvent de Rilo et à 3 ou 4 l. à l'O. de Kostendil; mais elles abondent surtout dans des lieux semblables, et paraissent indiquer partout une forte tendance à la cristallisation, ou le jeu des affinités électro-chimiques porté à son plus haut degré par suite de la chaleur souterraine.

Les *Leptynites* sont dans le même cas, mais elles ne paraissent pas fréquentes en Turquie, et surtout elles n'y sont pas si bien caractérisées ou isolées du gneiss qu'en Basse-Autriche, en Moravie, en Styrie et en Saxe. Nous en avons remarqué autour de la vallée de Levatza, dans le Temnitscha-Planina, entre Stoudenitza et Bresnik, dans le S.-O. de la Servie et sur le Strymon inférieur au S. de Vistritza. Ce ne sont vraiment que des feuillets très feldspathiques du gneiss quarzifère, dans lesquels il n'y a pas de mica. A Korito, en Servie, le leptynit contient des grenats et est associé à de l'amphibolite. Le *Grenat en roche* n'est qu'un accident de voisinage des granites ou des siénites, comme nous le dirons en parlant de ces dernières.

Les *calcaires grenus* ne sont pas si fréquents que les roches amphiboliques; ils sont plutôt en bancs isolés çà et là, et ces derniers ont toujours une certaine épaisseur. Il ne nous est jamais arrivé de les trouver alterner en petits feuillets avec le gneiss, comme c'est le cas pour l'amphibolite et le grenat en roche. Au contact avec les gneiss, on voit quelquefois le calcaire se mélanger de mica ou de talc, plus rarement d'amphibole ou de grenat, comme à 1/2 l. à l'E. du couvent de Rilo.

Les plus grandes masses de calcaire grenu se trouvent dans le défilé du Saranto-Poros, dans l'Olympe, l'Ossa, la vallée de Tempé, près de Tournovo, de Kasakler, de Rokovo, au N. et S. du Salambria. Ces roches paraissent y former d'épaisses couches courtes dans le gneiss; elles y sont quelquefois magnésiennes, et plus rarement un peu serpentineuses, comme dans l'Olympe, dont elles composent en bonne partie le corps, en étant grises ou blanches. M. Urquhart en signale entre Saint-Nicolas et Ravanikia, dans la Chalcide. En Servie, il y en a dans les micaschistes, près de Bania, au S. de Krouschevatz, et des bancs minces dans les mêmes roches à 1 1/2 l. et à 4 1/2 l. à l'O. de Jagodin, près de Stiple, et entre ce hameau et Koukourovatz, sur la route de Jagodin à Kragoujevatz. Ces calcaires donnent lieu en Thessalie à des escarpements considérables comme à Tempé; ils contiennent quelques cavernes, et il en sort çà et là de grands torrents d'eau dans le district de l'Olympe, à Tempé, à Tournovo, à Karadere et à Spermos.

Dans le Rhodope, nous avons observé de ces bancs calcaires, dans la vallée de Rilo, deux autres sur le versant septentrional de Kreschna, et il y en a dans le centre de cette chaîne, comme aussi dans le petit Kiz-Derbend (entre Jenihan et Kiz-keui), sur la Maritza, au S. de Saltikoi et entre ce village et Karabeili. On en connaît dans l'île de Marmara. Ces roches sont aussi grisâtres ou blanches, et quelquefois micacées ou cipolinés. Elles constituent par leur rareté, leur composition, leur aspect, une véritable anomalie dans les chaînes schisteuses, ce qui indique en tous cas que leur formation est due à une combinaison de circonstances qui ne se sont pas présentées continuellement. Si d'une autre part l'état actuel des connaissances chimiques et électriques permettait d'admettre que les schistes cristallins ne sont autre chose que des modifications électro-chimiques de dépôts neptuniens, on trouverait de l'analogie entre la position de ces calcaires et de ceux tout aussi rares dans certains terrains primaires (intermédiaires) anciens. Or, cette présomption trouve quelque appui dans ce que nous allons dire des autres masses schisteuses cristallines de la Turquie.

Quant à l'idée moderne de placer les calcaires parmi les produits d'éruption, nous ne leur en trouvons pas les caractères. En effet, les granites, les serpentines, les trapps, les basaltes altèrent quelquefois les roches voisines, lorsqu'ils sont en filons ou filons-couches; mais ils ne modifient pas eux-mêmes leur nature au contact avec les masses étrangères. Ainsi, il y aura à côté des basaltes de la craie changée en marbre, à côté des trapps, des roches grenatifères, etc.; à côté des granites, des gneiss schorlifères, amphibolifères, sans que pour cela on observe quelques caractères particuliers dans ces pâtes ignées, si ce n'est autour des fragments étrangers qu'elles contiennent, et avec lesquels elles se sont agglutinées par la fusion. Ce dernier cas peut même avoir eu lieu çà et là, entre la masse injectée et celle qui a été traversée. Or, dans les calcaires grenus se présente le cas contraire, c'est-à-dire que, n'altérant nullement les schistes voisins, ils offrent près du contact avec ces derniers de véritables zones particulières ayant chacune ses caractères. Ainsi le banc calcaire présentera dans ces endroits parallèlement à sa direction un lit micacé ou talqueux, ou autre lit amphibolique, grenatifère ou pyroxénique; enfin quelquefois un troisième lit mêlé de quarz et de feldspath. C'est donc la roche calcaire qui a été modifiée par la chaleur des masses voisines. D'après cela, il semblerait qu'il faut admettre que la roche grenue n'est qu'une modification ignée d'un calcaire compacte, puisque la nature et les expériences chimiques nous offrent la possibibilité de semblables transmutations.

Si cette explication, à laquelle nous nous arrêterions de préférence, ne satisfaisait pas, il ne resterait que celle de voir dans le calcaire grenu un composé cristallin, formé sur place par le jeu des affinités électro-chimiques, à la manière des amphiboles dispersés dans du gneiss. Mais dans ce cas comment expliquer les salbandes de minéraux divers dans le banc calcaire, sans recourir encore à l'hypothèse peu probable d'une fente parallèle à la direction des couches du terrain?

Le reste des montagnes cristallines et schisteuses de la Turquie sont bien moins des gneiss que des massifs, où alternent les *micaschistes*, les *talcschistes* et les *schistes argileux satinés* passant plus ou moins aux véritables ardoises. Ce caractère est bien marqué dans toute la Mœsie supérieure, savoir : dans le Schiroka-Planina, le Snegpolié, le Klisourska-Planina, le Kara-Dagh, dans le Schar, dans les montagues entre le Vardar et le Drin noir, dans celles entre le Vardar et le lac de Castoria ou l'Indge-Karasou, dans le Balkan d'Etropol, dans le contre-fort méridional du Balkan de Kalofer à Jeni-Sagra, dans certaines parties de la chaîne côtière de la mer Noire, dans les montagnes entre Kragoujevatz et Rekovatz, sur le bord septentrional du Temnitscha-Planina, et sur les rives du Danube à la Porte-de-Fer.

Les couches subordonnées de ce système sont des *schistes argileux* plus ou moins micacés, des *talcschistes quarzifères* ou *ferrifères*, des *chlorites schisteuses*, quelquefois à lamelles de feldspath, quelques *quartzites*, des *calcaires compactes* ou *grenus*, et des *dolomies*, ainsi que plus rarement quelques *schistes imprégnés d'amphibole*.

Les *talcschistes ferrifères* ont été reconnus surtout dans les montagnes à l'E. d'Egri-Palanka, et en-deçà du Kourbetschka-Planina, dans les crêtes qui séparent de la Morava les affluents du Klisourska-Rieka. Ces roches sont le plus souvent décomposées, et alors friables, terreuses, brunâtres ou jaunes brunâtres; elles renferment plus ou moins de fer oxidulé, cristallisé en octaèdre ou en formes déduites de l'octaèdre, et les cristaux sont si petits et si couverts de talc terreux, que rarement on peut en apercevoir à l'œil nu; mais le lavage les fait paraître aisément. Quelques schistes talqueux, à lamelles feldspathiques ou passant même au gneiss, sont associés avec les autres schistes, dans le vallon de Klisoura. Il y a aussi d'autres talcschistes et des schistes argileux qui sont ferrugineux, à fer hydraté, et colorés alors en jaune brunâtre, grisâtre, vert bleuâtre, violet ou rougeâtre, comme près de Pristina, entre cette ville et Guilan, dans le Schar, au-dessus de Kalkandel et de Veitza, où ces diverses teintes donnent au terrain un curieux aspect. Quelquefois ces roches sont alors poreuses.

Les *talcschistes quarzifères*, avec les micaschistes, les chlorites schisteuses, quelques quarzites et quelques gneiss sont bien caractérisés dans le Florina-Planina et Neretschka-Planina. Des roches chloritiques, plus ou moins compactes ou schisteuses, et en partie décomposées bizarrement en jaune, verdâtre clair ou brunâtre, se rencontrent dans les hauteurs de Koprina, près de Bitoglia. Elles y sont aussi associées avec des gneiss. Des masses chloriteuses se voient aussi dans le Schar, mais dans la Mœsie supérieure, les Balkans d'Etropol et l'Hæmus, c'est le talcschiste et le micaschiste, avec un peu de schiste argileux, qui dominent presque exclusivement. Le Haut-Balkan, à l'origine du Vid, présente aussi quelques gneiss talqueux ou roches protoginiques, comme aux sources du Rousita et du Vid.

Les *quarzites* sont peu fréquents en Turquie, et surtout ils n'y forment point ces masses considérables qui sont propres à d'autres contrées. Ils sont en lits minces dans les schistes, comme au S. de Kragoujevatz, à l'O. de la plaine de Kosovo, sur la route de Lapouschnik, au N. de Guilan, au S. de Katschanik, sur le Florina-Planina, et sur le versant méridional du Balkan, au-dessus de Tschipka. Au haut de ce dernier col on remarque des schistes micacés imparfaits, gris et rouges, et du micaschiste passant au talcschiste, avec des points feldspathiques. Après avoir passé au S. un massif de calcaire compacte, fendillé, noirâtre ou grisâtre, on ne voit plus, jusqu'en bas, que des alternats de micaschiste ferrugineux et quarzeux, quelquefois à grains de feldspath, avec du talcschiste quarzeux, et du micaschiste passant au schiste argileux. Quelques lits de schiste siliceux noirâtre sont intercalés entre ces masses. Les *schistes imprégnés d'amphibole* sont de ces accidents rares, non loin de masses granitiques, comme au N. du Bistritza, à l'O. de Kostendil.

Dans la Macédoine occidentale les *calcaires* forment de grandes masses dans les schistes, et s'y présentent quelquefois sous la forme de *dolomie*. Dans les montagnes, entre Katschanik et Uskioub, il y a aussi des roches semblables, mais elles paraissent devenir rares dans toute la Mœsie supérieure, et nous n'en avons point vu dans l'Hæmus. Ces calcaires sont compactes, semi-grenus ou grenus, et la couleur des derniers est plutôt blanche ou grise; mais celle des autres prend quelquefois des teintes foncées.

Les talcschistes de la Chalcide et surtout ses trois promontoires contiennent du calcaire cristallin qui, d'après MM. de Montalembert et Viquesnel, paraît former les sommités, tandis que le schiste constitue les pentes basses, comme, par exemple, dans le mont Athos, dans le Kortiasch, au-dessus de Salonique. D'après M. Viquesnel, la partie N. et N.-E. de Tassos présente aussi du calcaire grenu, très blanc à côté de roches schisteuses, et la haute montagne de la Samothrace est composée de calcaire compacte et schisteux.

L'entrée du défilé du Lepenatz à Katschanik offre la série suivante de couches : du calcaire grenu mélangé de quarz, du schiste quarzifère, un massif épais de dolomie blanche, du schiste micacé, du calcaire semi-grenu ou à très petits grains, du schiste micacé à glandules de quarz, et un peu plus loin, on revoit encore du calcaire grenu ou cipolin au milieu des micaschistes avec du quarzite. A moitié chemin, entre Uskioub et Kalkandel, on trouve dans un defilé E.-O. une puissante masse de calcaire grenu en couches diversement inclinées et contournées. Elle rappelle les marbres de la Grèce intercalés aussi comme celle-ci entre des schistes talqueux et argileux.

De semblables amas, fortement inclinés, constituent le col de la montagne entre Podalischta et la vallée de Kritschovo. Il y en a aussi à l'O. de ce dernier bourg et dans la montagne de Baboussa. Au col de Plevat, entre Perlepe et Trojak, une puissante couche de dolomie est enchevêtrée dans des masses de gneiss talqueux et de micaschiste feldspathique à mica verdâtre, et près de là on rencontre du calcaire compacte noirâtre et blanchâtre qui forme le mont Koziak et le défilé du Varisch-Derbend, conduisant de Trojak au Vardar-Sarigoul. On en revoit dans le mont Baboussà entre Keuprili et Prilip, où domine le micaschiste, comme Brown l'avait déjà observé dans le XVII$^e$ siècle.

Dans le Schar méridional on trouve du calcaire grenu blanc et des dolomies imparfaitement compactes au milieu des schistes chloriteux et ferrugineux et des schistes argileux micacés entre Kalkandel et Veitza. Dans le centre de la chaîne, des roches schisteuses semblables enveloppent, comme dans les Pyrénées, des masses énormes de calcaire compacte, qui forment quelquefois des pics, vu leur décomposition moins prompte que celle des schistes. Le cône du Kobelitza au N. de Veitza en est un exemple; il s'élève à la hauteur de plus de 7,000 p. du milieu d'un cirque de montagnes élevées, et sur le bord des crevasses qui conduisent de Kalkandel à Veitza et à Prisren. Près de cette derniere ville ainsi qu'à l'entrée de la vallée du Drin noir à son confluent avec le Drin blanc, il y a des montagnes considérables de calcaire compacte qui paraîtraient plutôt secondaires. Elles supportent des plateaux et des pâturages et paraissent liées au reste de la masse du Schar. A leurs pieds sont des alternats de schistes argileux quelquefois rouge et de brèche calcaire.

*Position des couches.* — La direction des schistes cristallins varie suivant les contrées, et l'inclinaison encore davantage. Les *directions* observées sont les suivantes, savoir : celles N.-O.—S.-E. ou N.—S. dans le Rhodope septentrional et le Rilo-Dagh ; celle N.-S dans le Balkan d'Etropol, dans les montagnes de Katschanik, dans le Schar, dans les gneiss près de Perlepe, dans les schistes chloriteux près de Bitoglia, dans la Neretschka-Planina, dans les montagnes de Batourer et de Klisoura, à l'E. de Castoria; dans les schistes micacés du Baditschka-Gora en Mœsie ; dans les schistes argileux du pied méridional du Schirena-Planina ; dans le sol ancien des bords du Danube; celle N.-N.-E. à S.-S.-O., dans les crêtes de schistes à l'E. de Souha-Rieka en Albanie; celles N.-N.-O.—S.-S.-E. dans les montagnes de Pristina, dans celles entre Likovan et Lahana, près de Seres, dans le Temnitscha-Planina; celle N. 2° O. à S. 2° E. ou du N.-O. au S.-E., à l'O. de la plaine de Kosovo; celle N. 3° O. à S. 3° E. dans les talcschistes de Klisoura en Mœsie supérieure; celles N.-N.-O.—S.-S.-E. ou N.—S. dans les gneiss, entre Seres et Salonique; celles N.-E. —S.-O., ou à peu près N.—S. dans les montagnes de gneiss, près de Krouschevatz; celles N.-E. — S.-O. dans les talcschistes du Schiroka-Planina, entre Guilan et Pristina, dans les schistes du Schar septentrional; celles N.-E. — S.-O. ou

O.—E., dans les gneiss entre Fakhi et Kirkilissé dans la chaîne côtière de la mer Noire; celle N.-O.—S.-E. dans les talcschistes de Klisoura près de Trn et des montagnes entre Kalkandel et Ochrida, ainsi que dans les gneiss à l'O. de Vrania; celle O.-S.-O.—E.-N-E. ou O.—E. dans les couches du Vrtska-Rieka en Mœsie; enfin celle E.-O. dans le Perin-Dagh, dans le Kreschna, dans le Balkan de Tschipka, dans les montagnes de micaschiste de l'Égridere, dans les gneiss talqueux au N.-E. de Perlepe, dans quelques schistes du Florina-Planina, dans les gneiss de Bogoroditza à l'E. du lac de Castoria, et dans des micaschistes à l'O. de Jagodin en Servie.

On peut en déduire que la direction des couches anciennes E.-O. est particulière surtout à la Turquie méridionale, tandis que les directions N.-S., N.-N.-O.—S.-S.-E. ou N.-N.-E. — S.-S.-O. dominent dans la partie centrale, et que celles N.-E. — S.-O. et N.-O. — S.-E. ne sont, au milieu de la Turquie, plutôt que des exceptions. Les directions des couches et celles des montagnes ne correspondent, à peu de chose près, que dans le Baditschka-Gora, dans les montagnes à l'O. des plaines de Pristina et de Bitoglia, entre Seres et Salonique, dans le Perin-Dagh et le Balkan; dans toutes les autres chaînes, la direction des couches coupe celle des crêtes sous un angle plus ou moins fort, et quelquefois à angle droit, comme dans la chaîne côtière de la mer Noire. . . . . . .

Les *inclinaisons* observées sont dans les couches N.-S, des inclinaisons à l'E., dans le Balkan d'Etropol, près de Bitoglia et de Perlepe, entre Seres et Salonique; d'autres tantôt E., tantôt O. dans le Balkan de Florina; des inclinaisons O. sur le Danube, dans le Baditschka-Gora et près de Klisoura, non loin de Castoria; dans les couches N.-N.-O. — S.-S.-E. des inclinaisons S.-E. à Pristina, à l'O. de sa plaine, et à l'E. entre Seres et Salonique; dans les couches N.-N.-E.— S.-S.O. des inclinaisons N.-O., près de Souha-Rieka; dans les couches N.-E. — S.-O. des inclinaisons S. O. sous 25° ou E., près de Krouschevatz, en Servie; des inclinaisons N.-O, dans le Schar, et S.-E. dans le Schiroka-Planina, et entre Guilan et Pristina ; dans les couches N.-E. — S.-O. ou O.-E. des inclinaisons, tantôt S.-E. ou S., tantôt S. 5° O. ou S.-O. ; dans les couches N.-O. — S.-E. des inclinaisons N.-E., près de Vrania, et S.-O., près de Klisoura, non loin de Trn ; dans les couches O.-S.-O. à E.-N.-E. ou O. et E. des inclinaisons N., dans la vallée du Vrtska-Rieka, en Mœsie ; enfin, dans les couches E. — O. des inclinaisons N. dans le Perin-Dagh et le mont Kreschna, sous 45° à l'E. de Perlepe, d'autres S. dans le Florina-Planina, et d'autres S. ou S.-E. dans le Balkan dè Tschipka.

La seule conclusion qu'on puisse tirer de ce relevé d'inclinaisons est qu'elles varient d'autant plus que les roches schisteuses ont été percées plus ou moins par des éruptions ignées ou qu'elles ont été formées aux dépens de portions de divers terrains, comme nous le détaillerons plus bas.

### § 2. Terrain particulier de schistes et de calcaire en partie incontestablement primaire (intermédiaire).

La partie la plus curieuse du sol schisteux ancien est celle où il semble passer aux roches d'agrégation, à des grès, des agglomérats, et où on remarque parmi ces dernières roches des couches de calcaire compacte tout-à-fait semblable à celui du terrain secondaire récent. Lorsqu'on examine les contrées où ce dernier contact a lieu, on ne trouve pas toujours en Turquie de limites tranchées, mais on croirait plutôt observer quelquefois un passage graduel, tout au plus si quelques variations d'inclinaison, ou plus rarement de direction, différencient les terrains. Nous ne trouvons vraiment à nous expliquer quelquefois cet accident que par la théorie de la transmutation ignée des dépôts neptuniens en schistes cristallins.

Les environs du bassin de Kosovo font bien apprécier cette hypothèse. Ainsi, entre Guilan et Pristina, on passe des gneiss aux talcschistes, et de ceux-ci, par des schistes argilo-talqueux et luisants, aux schistes argileux, qui renferment quelques agglomérats grossiers (à 3 l. de Pristina) et du calcaire, tantôt compacte à petites veines spathiques, tantôt semi-grenu ou lamellaire, mais sans fossiles apparents. Ces derniers se trouvent surtout à Ropotov et dans la vallée du Graschanitza, à 2 l. S.-E. de Pristina. Entre la plaine albanaise et le bassin de Kosovo, sur la route de Pristina à Prisren, on a d'abord du micaschiste avec quelques rares bancs de calcaire grenu, puis, dans la vallée du Tzernoleva-Rieka, du schiste argileux enclavant du calcaire compacte gris et du calcaire amygdalin mêlé de schiste rouge et gris; enfin, en remontant la vallée du schiste argileux à couches de calcaire compacte, comme on en voit souvent dans le sol primaire. En se rendant de la plaine de Kosovo à Lapouschnik, on traverse d'abord des couches de micaschistes quarzeux à couches de quarzite, plus loin on trouve du calcaire compacte gris et jaune, et du quarzite dans des micaschistes, et en-deçà du Mitrovitza, près de Lapouschnik, du schiste argileux avec de l'agglomérat quarzeux et du calcaire compacte rougeâtre.

Si la partie au moins septentrionale et orientale du Schar paraît présenter un des premiers degrés de modification subie par des dépôts crétacés, au S. du Schar, il y a des montagnes de calcaire primaire compacte gris, à l'O. d'Uskioub, dans le mont Kartschiaka; et entre Perlepe et le Sarigoul-Vardar, la position des masses est telle que les gneiss talqueux à dolomie de Plevat semblent faire suite au calcaire compacte foncé du mont Koziak, au N. de Trojak, et à celui des sommités et des défilés plus à l'E., à 1/2 l. du Vardar-Sarigoul. Ce dernier alterne avec des schistes argileux, et est quelquefois un marbre rouge minéralogiquement semblable à celui à l'O. de Karaveria.

La pente méridionale du Schiroka-Planina est occupée par des schistes argileux, en partie rouges ou violâtres, alternant d'abord avec des schistes arénacés, puis avec des grès semblables à des grauwackes, roches grises ou rouges, fines ou grossières et à fragments de quarz; mais à Selenigrad, il y a déjà de grands amas de calcaire compacte gris La partie méridionale du plateau de ces montagnes offre, en-deçà de quelques trachytes, des alternats distincts de grès semblables à des grauwackes, de grès quarzeux, d'agglomérat à silex corné noir et gris, et de brèche calcaire; ces dernières roches se prolongent même jusqu'à 3 l. S. de Jaboukovi. Ces couches semblent établir un passage complet entre les talcschistes et les micaschistes des sommités du Schiroka-Planina, et les alternats de schistes et de calcaires de Trn et du S.-E. de la Mœsie supérieure. Nous n'avons pu séparer ces dépôts d'avec les roches coquillières qui ont l'air crétacé et qui s'étendent entre Kostendil et Pirot.

Les roches sur la pente méridionale du Balkan de Tschipka ont des caractères qui font douter de leur ancienneté. Au-devant d'elles se trouvent les schistes et les calcaires primaires (intermédiaires) de la chaîne basse d'Eski-Sagra. Ces dernières roches prédominent, et sont compactes, grises, noires ou rougeâtres et à petits filons spathiques. Le schiste est gris, noir ou rougeâtre et en partie calcarifère. Ce dépôt a la plus grande analogie avec celui entre le Vurdar-Saigoul et Trojak.

Dans la chaîne côtière de la mer Noir, les montagnes boisées entre Karabounar et Fakhi sont composées d'alternats de schiste gris, noir ou rouge, en partie calcarifère, de calcaire compacte gris et de grès gris. Or, ce terrain, ressemblant beaucoup à celui d'Eski-Sagra, lui est lié par des buttes de calcaire compacte situées à 1 1/2 l. à l'E. de Jeni-Sagra. Depuis Fakhi jusqu'à Kirkilissé, on ne voit plus que des granites, des diorites et des gneiss. Mais en se rapprochant du Bosphore, à l'E. de Visa et de Seres, on rentre dans le terrain de schiste argileux, de grauwacke et de calcaire qui est lié intimement aux roches incontestablement primaires (intermédiaires) sur le Bosphore.

Les schistes argileux et les grauwackes de Buyukdere et du Bosphore, contiennent du calcaire compacte foncé, dans lequel nous avons remarqué entre Buyukdere et Therapia (t. *Tarapia*), des Encrines et des Térébratules, sur la côte asiatique dans le mont du Géant, des Productus et divers Polypiers.

M. Strickland y cite en outre un Asaphe et les genres Spirifère, *Atrypa* et *Orthis*. Dans l'île des Princes, M. de Verneuil indique des calcaires compactes foncés, phylladifères et très tourmentés. Ces roches contenant des Cariophyllies, sont recouvertes de quarzites, de grès et de schistes talqueux.

Dans le S.-O. de Servie, les schistes, les grès et les calcaires associés aux serpentines ont des caractères très douteux qui empêchent de les classer définitivement dans le sol crétacé, comme de les compter parmi les dépôts intermédiaires. Il est possible qu'il y ait aussi des roches semblables dans la chaîne valaque.

*Position des couches.* — La direction assez générale des couches de schistes et de calcaire énumérés, est celle du N. au S. dans la Turquie centrale, et du N.-O. au S.-O. dans la Thrace. Ainsi entre Pristina et Guilan, on trouve pour la direction des schistes N.-S. ou N. 2°-O. à S. 2°-E., avec une inclinaison fréquemment à l'E. Entre la plaine de Sinitza et celle de Sona-Rieka, la direction des schistes est du N.-N.-E. au S.-S.-O. avec une inclinaison au N.-O. Dans la partie méridionale du Schirena-Planina, les schistes courent du N. au S., et les calcaires au S.-O. de Kafadartzi, et à l'O. du Vardar-Sarigoul, ont la même direction avec une inclinaison à l'E. Les masses calcaires du mont Koziak, près de Trojak, ont l'air de courir du N.-E. au S.-O., et la dolomie de Plevat environ de même. D'un autre côté, la direction des couches indiquées dans la Thrace est bien plus voisine d'être O. et E., que N. et S.

*Classement.* — Nous ne pouvons définitivement classer que les dépôts du Bosphore, puisque eux seuls indiquent par leurs fossiles le système silurien. Il paraît assez probable que le reste des roches schisteuses et calcaires de la Thrace font aussi partie des terrains primaires, et rentreraient dans le système cambrien, assises inférieures aux roches coquillières du Bosphore. D'un autre côté, nous ne pouvons pas nous aventurer à prononcer sur l'âge précis des autres dépôts schisteux semi-cristallins de la Turquie. Il nous suffit de les avoir signalés à l'attention des futurs observateurs.

§ 5. Terrains secondaires.

Dans toute la Turquie d'Europe, on ne trouve pas de dépôts qu'on puisse classer avec certitude parmi des terrains secondaires inférieurs à la craie. La seule exception existe sur les bords du Danube, entre Drenkova et Islas, où des grès rouges sont accompagnés de porphyre quarzifère et de brèches porphyriques, qui ont bien l'air de faire partie du grès rouge secondaire supérieur aux houillères. Ce qui vient surtout corrober cette idée est l'existence des houillères véritables à Steuersdorf, dans le Bannat, et le prolongement de ces dépôts jusque près du Danube. A l'O. et au N.-O. de Mehadia, il y a aussi à côté des gneiss un dépôt d'argile schisteuse, alunifère, qui paraîtrait faire partie du même terrain, ou en être fort voisin. Ces roches anciennes sont environnées de montagnes de calcaire compacte, qui semble offrir des caractères le rapprochant de la craie, plutôt que de tout autre terrain.

En avançant dans la Servie, on ne voit plus rien de semblable, quoiqu'il y ait des grès minéralogiquement rouges à Topolnitza au N.-E. de Gorniak, à Slatova, entre Loukova et le couvent de Sveta-Petka, sur le Moutnitschka-Rieka, ainsi qu'au S.-E. et à l'E. de Bania, près de Nisch. Mais ces dernières roches paraîtraient faire partie de la même formation que les calcaires qui les entourent. Cette absence de tant de dépôts secondaires reconnus ailleurs, indique que la Turquie d'Europe durant une grande partie de l'époque secondaire s'est trouvée dans une position exceptionnelle, dans des circonstances contraires à tout dépôt. Pourrait-on supposer que déjà émergée après la fin de la période primaire (intermédiaire), elle n'ait éprouvé une immersion considérable qu'avant l'époque crétacée la plus ancienne? Cet accident géologique de la Turquie est d'autant plus particulier, qu'il s'étend à l'occident de l'Asie-Mineure, et peut aider à faire comprendre la formation d'une mer et de détroits à la place d'une si grande partie du continent, qui liait jadis cette dernière contrée à l'Europe. La première émersion et immersion avait dû fendiller considérablement le sol, de manière qu'à la seconde émersion des portions de continent n'ont pu se soutenir, et se sont abîmées dans le fond des mers, en laissant çà et là des îles comme témoins de ce désastre.

### § 4. Grande formation crétacée.

Le système crétacé des Alpes et de l'Europe méridionale occupe en Turquie une place énorme, et y a été méconnu souvent jusqu'ici, parce qu'on n'a pas encore étudié suffisamment les variétés et les métamorphoses que présente cette suite d'immenses dépôts arénacés et calcaires. Depuis long-temps on connaissait, le long de l'Adriatique, le système crétacé à Nummulites, mais on n'y rattachait pas toutes ces roches du S.-O. de la Macédoine, du Pinde (1), du pays des Myrdites, du Montenegro, de la Croatie, de la Bosnie, de la Servie, de la Mœsie orientale et du Balkan.

Le système crétacé paraît pouvoir se diviser en trois ou quatre masses, savoir : un ou deux terrains arénacés avec peu de calcaire, un terrain très calcaire et souvent à Hippurites, et un terrain très riche en Nummulites. Il semblerait bien que ces trois massifs de couches se succèdent dans un ordre déterminé. Ainsi dans toute la Turquie les schistes cristallins ou semi-cristallins, comme base des dépôts crétacés, ne viennent en contact qu'avec les roches à Hippurites ; mais si le système à Nummulites paraît ainsi postérieur à celui à Hippurites, ailleurs on trouve un mélange de ces deux fossiles. Si l'Epire est surtout nummulitique, le Pinde paraît offrir çà et là des Rudistes, et en-deçà de la chaîne la vallée du Cachia offre des Nummulites, sans qu'on puisse dire que tel dépôt est plus moderne ou plus ancien que l'autre. Un terrain crétacé arénacé serait le

---

(1) M. Pouqueville avait bien reconnu que « le Pinde était plus » que secondaire et postérieur au Mont-Blanc, aux Alpes et aux » Pyrenées. » (*Voyez* son *Voyage*, vol. II, p. 457.)

plus récent, du moins d'après ce qui se voit dans le Balkan et les Carpathes, tandis qu'en Servie et en Transylvanie un autre a l'air plutôt plus ancien. Au milieu de tout ce vague il vaut mieux avouer qu'on n'a jusqu'ici, sur l'ordre de succession de ces systèmes, que des presomptions et des analogies plus ou moins plausibles, parce que ces dépôts sont sur une trop grande échelle pour qu'on ait pu encore arriver à leur connaissance entière. Il est même très possible que les localités diverses ont exercé une influence marquée sur leurs variations.

Le terrain arénacé constituerait dans le centre de la Turquie, le milieu de la Servie, et certaines parties de la Moesie orientale, surtout entre Pirot, Kostendil et Doubnitza. Faudra-t-il en détacher, par la suite, les roches de la Moesie, pour en faire un équivalent du terrain néocomien? c'est ce que décideront les futurs explorateurs. Le Balkan, certaines montagnes du Pinde, et la Transylvanie en seraient en grande partie formés, tandis que la Bosnie et la Croatie offriraient le grand terrain hippuritique dans son développement le plus étendu, et seraient séparés du terrain précédent par des alternats arénacés et calcaires, occupant surtout beaucoup de places sur les deux rives de la Drina, au-dessus de Goresda. Ce même terrain formerait une partie des montagnes du S.-E. de la Servie, de la Bulgarie occidentale, et disparaîtrait presque dans le Balkan, en constituant au contraire d'énormes masses dans la chaîne valaquo-transylvaine. Il existe aussi dans le S.-O. de la Macédoine, dans le Pinde, autour du lac d'Ochrida, sur le Drin noir, et dans le pays des Myrdites.

Quant au terrain nummulitique, il comprend toute l'Epire, à l'exception du Pinde, la partie basse de l'Albanie moyenne, la portion de l'Albanie septentrionale, à l'O. du Myrdita, une partie du bord oriental du bassin d'Ipek et de Djakova, tout le Montenegro occidental, la Basse-Herzegovine, le territoire de l'ancienne république de Raguse, le littoral de la Dalmatie, et une bonne partie de l'Istrie. En Bulgarie il serait représenté par d'énormes masses d'Orbitolites, au-dessus desquelles viennent les couches de la craie verte, avec les fossiles propres à ce terrain, et la craie ordinaire ou supérieure, deux terrains qui manquent dans tout le reste de la Turquie.

Nous diviserons les dépôts crétacés de la Turquie en deux massifs, savoir : le système crétacé de la Turquie orientale, ou du Balkan et de la chaîne valaque ; le système crétacé de la Turquie occidentale, ou le véritable type alpin de ce système, auquel nous joignons provisoirement en appendice les dépôts environ du même âge de la Turquie centrale.

### 1. SYSTÈME CRETACÉ DE LA TURQUIE ORIENTALE OU DU BALKAN.

L'Hæmus est la contre-partie des montagnes de Kronstadt, des défilés d'Oitosch, de Boza, de Tomos et de Toerzburg, en Transylvanie. Les dépôts crétacés inférieurs y paraissent appuyés, dans les deux chaînes, sur des terrains schisteux cristallins. La chaîne valaque-transylvaine a des masses énormes de calcaire à Rudistes et Nummulites, tandis que dans le Balkan il n'y en a qu'une moindre épaisseur, et que les roches arénacées y dominent comme dans les Carpathes. De plus la Bulgarie n'offre pas seulement les assises inférieures du sol crayeux, mais aussi les parties supérieures de ce système, telles qu'on les connaît dans la zone moyenne de l'Europe.

#### *A*. Système crétacé inférieur.

Les roches arénacées de l'Hæmus offrent des grès à pâte argilo-calcaire, plus ou moins micacés, feuilletés et gris ou bleuâtres, des grès quarzeux plus ou moins grossiers, blanchâtres ou jaunâtres, et rarement à particules vertes, des argiles marneuses ou calcarifères plus ou moins feuilletées, grises-noires ou bleuâtres.

Dans ces roches se trouvent, comme couches subordonnées, surtout inférieures, quelques poudingues à fragments de roches schisteuses cristallines, de schistes argileux, de quarz, de manière à ressembler minéralogiquement à certains agglomérats des grauwackes, comme c'est le cas dans la gorge boisée, qui conduit au haut du Balkan entre Islivné et Basclikoë. Enfin, des calcaires compactes noirs, gris ou blanchâtres viennent se placer aussi quelquefois en grands massifs, au milieu de ces alternatives, en y produisant des crêtes plus elevées que celles à leur pourtour, des escarpements et çà et là des défilés pittoresques, comme au S. de Lovdscha, a Ternova (s. *Trnva*), entre Selvi et Kolibola, au S. de Gabrova, entre Derbend-Keui et Eski-Djoumaa (le vieux vendredi), entre Kouroukheli et Jedekmale, à 6 l. au S. de Schoumla.

Les murailles de rochers composés d'autres roches crétacées que le calcaire, sont un accident rare ; il est présenté quelquefois par des masses de grès quarzeux ou vert fortement agglutiné comme au N.-N.-E. de Kasan où des escarpements tournés au N. terminent les contre-forts un peu élevés du Balkan et forment la crête au N. de Kasan, de Vrebitza et de Tschalikavak.

Ailleurs, on trouve aussi quelquefois le long des torrents des rochers coupés à pic et composés de grès et d'argiles marneuses comme le long du petit Isker, entre Etropol et Vikrar, au N. de ce dernier village, à Vetschera au pied septentrional de l'arête-sommet du Balkan d'Islivné, au S. de Kasan, sur l'Akali-Kamtschik, sur le torrent de Jedekmale et sur celui au S. de l'arête-sommet, près de Lopoutschka dans le Balkan oriental.

*Fossiles.* — Les roches arénacées contiennent rarement des pétréfactions. Nous y avons vu dans des argiles marneuses et des grès marneux très fins des impressions de plantes à 4 l. au S. de Schoumla ainsi qu'à Jedekmale et dans la vallée de Lopoutschka. Ces restes de végétaux se trouvent même dans des grès grossiers sur la pente méridionale de l'arête-sommet du Balkan au S. de cette dernière vallée. Nous y avons aussi retrouvé les Fucoides caractéristiques (*F. intricatus, æqualis, furcatus* Br.), qui se sont surtout conservés ; ils ressortent bien à l'œil dans certaines couches argilo-marneuses qu'on peut aisément négliger d'examiner, comme à Bouratlare, à Aidos, etc. A Karasou-Felar, près d'Osmanbazar, nous avons recueilli aussi des impressions, peut-être de Fucoides, qui se retrouvent à

Trieste. Il y a des agglomérats qui offrent quelques fossiles, tels que des Térébratules, des petits Peignes et d'autres bivalves lorsqu'ils se trouvent près de calcaires coquilliers, comme c'est le cas pour certains agrégats à points verts, qui alternent, sur la pente méridionale du Balkan oriental, avec des grès quarzeux, et des calcaires à Polypiers et Orbitolites.

Les roches calcaires sont le dépôt principal des fossiles du système crétacé inférieur. Dans les parties les plus basses du système, les calcaires offrent des fragments de Rudistes, des Huîtres crétées, des Échinidées, etc., comme au S. de Gabrova. Sur un certain horizon géologique, plus élevé dans la série des couches, les calcaires sont pétris d'Orbitolites comme autour de Lovdscha. Ces puissantes assises de calcaire blanchâtre s'étendent de là vers Tirnava, à l'O. et au S.-E. d'Eski-Djoumaa, et plus au S. Ces Orbitolites appartiennent à une nouvelle espèce inférieurement plus conique que celle de la perte du Rhône et que nous appellerons *Orbitolites bulgarica*. Elles sont associées avec des débris d'Échinidées, des Serpules, quelques Polypiers, et même des petites bivalves brisées. A la sortie septentrionale du défilé de Lovdscha, on les voit reposer sur une couche d'argile marneuse grise, qui contient aussi des pétrifications, et même des ossements de reptiles ainsi que des dents. Sur le plateau, au S. de Lovdscha, le calcaire à Orbitolites alterne avec des grès calcarifères.

Le village de Vikrar est au pied de montagnes calcaires et boisées, à l'entrée méridionale d'un beau défilé par lequel le petit Isker va joindre en serpentant le grand Isker. Des bancs épais de calcaire foncé y alternent avec du calcaire arénacé gris, des grès marneux et des argiles marneuses. Certaines couches calcaires sont remplies de coquillages à test spathisé, tels que de grosses Huîtres, des Plagiostomes, des Peignes, des Natices, des coquilles turriculées, des Cariophyllies et d'autres Polypiers, ainsi que des fragments d'Echinodermes. Il y a d'autres couches qui sont remplies de ces corps branchus semblables à ceux de certaines assises de Muschelkalk et qu'on a rapprochés de gros Fucoïdes. En cherchant soigneusement, on trouverait certainement des localités où ces fossiles seraient faciles à extraire séparément, et déterminables comme espèces. Ce massif se prolonge à l'E., à Jablanitza, et de là à travers la vallée du Vid, vers Tètova, et à travers celle de l'Osma, vers la Kalojeritza et Trojan. Sa continuation se revoit au N. de la vallée de Kolibola, sur la route de Selvi à Gabrova, au S. de Kasan, et sur l'arête-sommet au S. du Lopoutschka-Rieka. A l'exception de cette dernière localité, ces calcaires inclinés au N.-O. présentent partout des escarpements tournés vers le S. ou vers le sommet de la chaîne; et forment des crêtes s'élevant de 500 ou 1,000 p. sur les vallées longitudinales qui sont sur leur versant méridional.

*Position.* — Les meilleures localités pour étudier ce terrain paraissent être, pour les masses inférieures, le Balkan d'Islivné et les bords du Petit-Isker depuis Etropol; pour les masses moyennes et supérieures, les défilés de l'Osma, au-dessus de Lovdscha, les bords du Rousita, au N. de Gabrova et le Balkan oriental. Il est évident que cette formation cretacée constitue entièrement ce dernier, et repose sans intermédiaire sur les dépôts bien plus anciens du Haut-Balkan, tandis que probablement une superposition semblable est cachée à l'E. sous les terrains terrains tertiaires et ignés. C'est donc les dépôts crétacés qui ont donné aux crêtes de l'Hæmus la forme d'un toit incliné au N., en le privant de contre-forts au S. Au-devant du Haut-Balkan, depuis Etropol à Islivné, il n'est pas toujours aisé de trouver ses dernières limites inférieures, parce que le sol ancien se compose au N. de roches arénacées et schisteuses, qui ont quelque ressemblance minéralogique avec celles de notre formation. Nous allons à cet effet détailler les coupes principales du Balkan, en allant de l'O. à l'E.

*Coupe du Balkan d'Etropol à Lovdscha et Plevna.* — Le Balkan d'Etropol n'offre au S. que des micaschistes et des schistes argileux noirs ou rougeâtres, courant du N. au S., et inclinant à l'E. ou à l'O. Sur le haut du col, les schistes admettent entre leurs couches des grès très durs ou des espèces de quarzites fins, et ont une direction N.-O.—S.-E. En descendant cette montagne, on longe le vallon du Petit Isker, courant d'abord à l'E., puis au N. et N.-O. à 3/4 l. avant Etropol. Le schiste y contient de grandes masses de calcaire compacte à veinules spathiques. Des minerais de fer accompagnent çà et là ces roches, qui embellissent par leurs défilés et leurs escarpements les montagnes au S. d'Étropol. Au N. et à l'E. d'Étropol, on ne voit plus de si hautes montagnes qu'au S. et S.-O., et le torrent du Soua-Rieka sort au-dessus d'Etropol d'une vallée, courant de l'O. à l'E., et vient joindre le Petit-Isker, qui se dirige depuis là, du S.-O. au N.-E. Un autre cours d'eau plus petit se rend dans l'Isker depuis l'E., et ces deux affluents occupent le fond de l'échancrure, qui paraît séparer les formations anciennes et nouvelles.

Au N. d'Etropol, les hauteurs sont formées d'alternats de grès grossier gris et de schistes minéralogiquement semblables à des grauwackes schisteuses. L'Isker entre bientôt dans une espècede canal, bordé de murailles, composé de grès marneux incliné et de 30 à 50 p. d'élévation. A 1 3/4 l. d'Etropol, l'Isker reçoit un petit cours d'eau venant de l'E. Plus loin, à 2 1/4 l. à 2 1/2 l., les torrents du Lepen et du Brousinenska-Rieka viennent joindre au S. cette rivière, en exposant aussi dans leurs lits des coupes de ces grès, alternant avec des argiles marneuses foncées et des calcaires arénacés. Leur inclinaison est faible et à l'O., et ils courent de l'O.-S.-O. à l'E.-N.-E. en décrivant quelquefois des ondulations comme dans les Carpathes. Les grès donnent d'assez bons matériaux, les compactes pour la batisse à cause de leur tendance à se diviser en parties quadrangulaires, et les schisteux pour la couverture des toits.

Un troisième torrent, venant du N.-E., vient encore se jeter dans l'Isker, qui est bordée au S. ou à l'E. par une espèce de plateau légèrement bosselé, tandis qu'au N. ou à l'O. il y a des hauteurs un peu plus grandes et déboisées. Une grande plaine bien cultivée forme les abords du village de Vikrar, placé au pied d'une chaîne de montagnes, s'élevant à 8 ou 900 p. au-dessus de la vallée du Petit-Isker, et offrant une pente en gradins çà et là avec des escarpements ou des forêts. L'Isker traverse ces crêtes par un défilé tortueux et boisé, courant d'abord au N.-O., puis de l'E. à l'O., enfin de nouveau au N.-O.

Ces montagnes, dirigées presque de l'O. à l'E., sont composées d'alternats de grès marneux, d'argile calcarifère et de calcaire compacte grisâtre, en partie arénacé et coquillier. Cette dernière roche y prédomine par ses puissantes assises. L'inclinaison y est au N.-O. sous 30 à 35°. Depuis Vikrar, on a une belle vue sur le Haut-Balkan, dont les sombres forêts sont couronnées de pâturages verts, et on observe très bien qu'il y a entre cette chaîne et celle de Vikrar une vaste échancrure, occupée par des vallons et de très basses hauteurs. Si on longe à l'E. les crêtes de Vikrar jusqu'à Jablanitza, on se rend de la vallée du Petit-Isker dans une autre, dont l'eau coule de l'O. à l'E. et reçoit des affluents du N., mais plus loin elle se dirige du N.-O. au S.-E.

En allant de Jablanitza au N.-E., on traverse un col bas, composé d'alternats de marnes schisteuses et de calcaire. Après cela on parcourt en partie un vallon, courant de l'O. à l'E.; on l'abandonne pour gravir sur la hauteur, qui le borde au S., on traverse de nouveau un col bas, composé de calcaire compacte de teintes claires, et on descend dans la vallée du Vid, qui est à 3 l. de Vikrar. Cette dernière, remplie de cailloux de roches schisteuses cristallines et en partie talqueuses, est entourée de basses montagnes de 100 à 200 p. A 1/4 l. à l'E. du Vid est la Kalnitza, qui court d'abord du S. au N., puis de l'E. à l'O. pour aller joindre le Vid. On y voit des grès gris plus ou moins calcarifères, courant N.-O.—S.-E., et on arrive bientôt à Isvor.

En remontant cette vallée longitudinale, on ne trouve que des alternats de marne schisteuse arénacée et de calcaire gris noirâtre courant de l'O. à l'E. Elle est séparée de celle du Sopotska-Rieka, autre affluent du Vid et situé plus au S., par un petit coude ou défilé N.-S. A Sopot, dans le Sopotska-Rieka, les grès contiennent çà et là des calcaires arénacés plus ou moins micacés et à coquillages bivalves ayant conservé leurs tests, roches qui me rappelèrent certains grès verts de Courcelles, près de Beauvais. Il y a aussi des grès à fragments de marne gris foncé, qui ressemblent tout-à-fait à des molasses. Ces couches courent du N.-O. au S.-E., et inclinent au N.-E. sous 35°.

Pour aller depuis là à Lovdscha, il faut longer une autre vallée qui se dirige de l'O. à l'E., en-deçà du coude septentrional du vallon de Sopot, et après 2 l., on traverse au N.-E. une colline à bocages. Depuis ce point, on a une vue sur les montagnes boisées de 800 p. d'élévation, qui bordent au S. la continuation orientale de cette vallée. Une espèce de plateau en partie cultivé, en partie couvert de bocages, conduit à Isvor, et ne laisse apercevoir que quelques grès, mais surtout des argiles marneuses, rouges, et du calcaire arénacé inclinant au N., et courant du N.-E. au S.-O. A Isvor, on revoit les mêmes marnes avec un peu de silex. A Mirkovo, il y a des alternats de ces marnes avec des grès-molasses, et bientôt on ne voit plus que des alternatives de marnes schisteuses grisâtres, avec du calcaire compacte grisâtre ou blanchâtre à Orbitolites; l'inclinaison y est au S.-O.

Ce sont ces dernières roches qui forment autour de Lovdscha les plateaux, les défilés pittoresques de l'Osma, les gorges et le sol des beaux jardins en amphithéâtre, qui bordent au S. la plaine s'étendant au N. de Lovdscha. A la sortie septentrionale de cette ville, on voit sur la rive orientale de l'Osma des argiles marneuses bleues, coquillières, supporter les murailles du calcaire à Orbitolites, tandis que sur le bord opposé on trouve du grès calcaire coquillier inclinant au N.-O. Après avoir traversé cette plaine, courant d'O. à l'E. et couverte de pâturages secs, on arrive à deux petites éminences qui précèdent une crête basse, dont le plus haut plateau a 1,455 p. d'élévation. On n'y trouve que des alternats de sable, d'argile marneuse et de grès, qui renferment des Orbitolites et quelques bivalves avec leurs tests, ainsi que des petits morceaux de bois bitumineux. Il y a aussi du grès calcarifère blanc à points noirs.

Depuis là au Danube, on n'a plus que trois collines à plateau, dont deux précèdent Plevna ; elles ont environ la même constitution que la précédente. La vue qu'on a depuis le sommet de cette dernière est fort étendue à l'E. On distingue bien le cours S.-O.—N.-E. de l'Osma, ainsi que les plaines du Danube à son débouché dans ce fleuve ; au S. se présente la ville de Lovdscha, à l'extrémité d'une crevasse, dans des montagnes pelées, dont la nudité et la teinte claire ressort sur le fond vert d'une immense quantité de vergers. Le fond du tableau est formé par les crêtes bleuâtres les plus élevées des Balkans.

*Coupe depuis le Balkan de Tschipka, à Lovdscha et à Tirnava.* — Lorsqu'on gravit péniblement la pente méridionale, rapide et déboisée du Balkan de Tschipka, on voit se succéder des alternats de micaschiste et de schiste argileux, des micaschistes talqueux à gros noyaux de quarz avec du schiste siliceux noirâtre ou brunâtre, et enfin des micaschistes quarzeux et ferrugineux en partie rougeâtres. Au haut de cette pente se trouve un gros mamelon de calcaire compacte, fendillé, gris ou noirâtre et divisé en lits inclinant au S. Quelques couches de schistes argileux ayant la même inclinaison le séparent d'une roche semblable qui forme le bord méridional du col au-dessus de la nouvelle auberge.

En-deçà de celle-ci, cette arête-sommet présente de nouveau, sur l'espace de 300 p., des micaschistes passant aux talcschistes, et à grains feldspathiques, puis des schistes micacés grisâtres ou rouges mal caractérisés et passant au schiste argileux. De ces roches, inclinant encore au S., on passe brusquement à une épaisse masse de calcaire compacte grisâtre, en partie fétide, dont l'inclinaison est septentrionale. Si, depuis ce pinacle, on jette les yeux au N., on distingue plusieurs chaînons boisés ayant leurs têtes tournées contre l'arête-sommet et leurs pentes inclinées au N.-O. A l'E., on domine trois petits vallons, et à l'O. une grande vallée avec plusieurs embranchements. Partout on ne voit que des forêts de hêtres ou de chênes, tandis qu'une sommité un peu à l'O. a pour couronne un pâturage verdoyant. L'arête centrale court de l'O. 3° N. à E. 3° S., en poussant au N. des ramifications dirigées du S. au N. qui enclavent les vallons précédents.

En descendant du col au pied de cette première crête, on distingue, à la place des deux postes, deux petits plateaux ou des corniches en échelons l'une sur l'autre ; la nouvelle route permet d'y bien voir les couches suivantes : entre le col et le premier plateau, du calcaire compacte gris à cassure esquilleuse, et du schiste argileux gris ou calcarifère ; entre les deux corniches surtout des schistes marneux micacés inclinant au S. ; plus bas des alternats de schiste gris et de calcaire compacte gris clair et à fossiles, des alternats de schiste rouge et de calcaire compacte argileux gris inclinant au N. et en apparence sans fossiles, des schistes grisâtres à la fontaine, enfin du calcaire compacte blanc grisâtre à Huîtres, des schistes argileux noirâtres et micacés inclinant à l'E. On se trouve alors au pied de l'arête, et on atteint la vallée du Gabrova-Sou (rivière de Gabrova), qui vient du S., tandis que la descente du Balkan se fait par un vallon très court courant de l'O. à l'E.

On y remarque d'abord des roches schisteuses ayant une pâte calcarifère, et semblable du reste à des grauwackes fines; elles inclinent au S. sous 40°, puis viennent des alternats de schiste arénacé gris avec du calcaire compacte blanchâtre, le tout inclinant aussi au S. Pendant 1 1/2 l., la route n'est bordée que de rochers de ce calcaire compacte ou de ses derniers alternats; après cela, on trouve du calcaire arénacé grisâtre inclinant aussi au S., puis des alternatives de grès marneux et d'argile marneuse ; enfin, on débouche par un petit défilé bordé de rochers de ce même calcaire blanc sur la continuation O.-E. de la vallée de Gabrova. Cette dernière roche renferme des grosses Huîtres, des Échinidées, des Rudistes, et offre des masses de formes pittoresques. Entre ce point et Gabrova, on ne revoit plus d'autres roches qu'un grès grossier assez semblable à certains agrégats des grauwackes; plus loin, il y a une masse du même calcaire à Huîtres crêtées et Échinodermes au-dessus duquel se trouve la partie inférieure de l'assise du grès gros sier décrit, tandis qu'au-dessous il y a des alternats d'argile marneuse et de grès minacé. L'inclinaison est toujours au S., et elle continue aussi à être telle dans une puissante assise de grès grossier à fragments surtout quarzeux et de schiste argileux, qui est exposée sous l'antique pont bulgare, à 1/4 l. au S. de Gabrova.

A l'entrée septentrionale de cette longue ville se trouve, près d'un autre pont antique, un gros rocher de calcaire compacte gris blanchâtre inclinant au S. Entre Gabrova et Kolibola, on ne peut apercevoir que des alternats d'argile marneuse et de grès, dans ce pays ondulé qui sépare les hauteurs au S. de Gabrova de la crête calcaire à sommet aplati et escarpements au N. de Kolibola. Cette dernière s'élève de 500 à 1,000 p. sur la vallée et court du N.-O. au S.-E., tandis qu'une échancrure s'étend de l'O. à E. La montagne calcaire a ses couches plongeant au N.-E., et sur son pied il y a une série parallèle de hauteurs arénacées basses; une autre encore plus basse se trouve au milieu de l'échancrure, et une troisième borde le pied du Balkan derrière Gabrova. Beaucoup d'arbres et de bois donnent à cette vallée un aspect sauvage et pittoresque. On monte par une pente presque insensible et des bocages jusqu'à un col bas qui traverse la montagne calcaire au N.-O., et on n'a occasion de voir dans cette échancrure que des alternats de grès et d'argile marneuse inclinés au S., sous 35° et plus loin au N.-E. Après ce col, de 1/2 l. d'étendue, on descend dans la plaine cultivée du Rousita et de Selvi. La Rousita ne charrie que des fragments de schistes primaires, des variétés de gneiss talqueux, de micaschiste et de quarzite.

Pour se rendre à Lovdscha, on monte une pente douce à 1 l. à l'O. de Selvi, et on arrive dans la vallée cultivée du village musulman d'Aghindjilar, qui est bordée au S. de hauteurs d'environ 400 p. d'élévation. On descend de là dans un autre vallon plus bas, au N.-E., et on y observe des grès calcarifères fortement inclinés au N.-E. et courant O.-E. Ce vallon court aussi de l'O. à l'E., et est arrosé par le ruisseau de

Roubscher. Son fond est couvert d'argile alluviale, cependant on y voit de temps à autre des grès et des argiles calcaires. Depuis ce point il y a encore 4 l. jusqu'à Lovdscha, dont 3 se font sur un plateau sauvage, inculte et çà et là couvert de buissons de chênes; on n'y voit guère de roches en place, si ce n'est des grès. A 1 l. avant Lovscha, il y a une coupe de grès calcaires endurcis, et on entre ensuite dans des alternats de semblable grès et de calcaire à Orbitolites.

Le *chemin de Gabrova à Tirnava* est plus intéressant, parce qu'il longe la Rousita et coupe, dans le défilé profond et rocailleux de Derbend à Debeltza, toute la chaîne de calcaire décrite au S.-E. de Selvi. De plus, à Tirnava, on a la répétition des escarpements et des défilés de calcaire à Orbitolites de Lovdscha. Des grès marneux et des argiles marneuses séparent ces massifs calcaires.

*Coupe le long de l'Osma, au S. de Lovdscha.* — Cette rivière traverse plusieurs défilés, les calcaires au S. de Gabrova se revoient vers la Kalojeritza (le couvent), et sont juxtaposés aux schistes micacés, aux gneiss talqueux et quarzites qui bordent la partie supérieure de l'Osma; vers Trojan on revoit encore des calcaires coquilliers à Rudistes et des grès, qui sont ceux de Gabrova, et plus bas la vallée est traversée par la masse calcaire qui lie la chaîne de Vikrar à celle au S.-E. de Selvi; enfin on arrive aux fentes en zigzag du calcaire à Orbitolites de Lovdscha.

*Coupe depuis Islivné à Eski-Djoumaa.* — En montant le Balkan au N.-E. d'Islivné, on traverse, sur une étendue de 1/2 l. de forêts, des alternats de grès et de calcaire foncé, de schiste et de calcaire compacte noir, contourné, et inclinant tantôt à l'O., tantôt à l'E. Puis on trouve successivement du calcaire compacte gris noirâtre, du grès ressemblant à une grauwacke, du poudingue quarzeux, du calcaire noir schisteux inclinant à l'E., des alternats de grès, de schiste rouge, et de calcaire compacte foncé inclinant au S. Après cela viennent des couches verticales, courant E. et O., de grès et de calcaire. A la cime de l'arête on ne trouve d'abord que du grès et du schiste, et plus loin du schiste et du calcaire gris, dont une masse est fort considérable. La descente au N. est bien plus rapide que la pente méridionale, et est toute composée d'alternatives de grès marneux gris, de grès très feuilleté, d'argile marneuse grise ou de schiste calcarifère. Ces roches inclinent au N.-E., et forment les bords escarpés du vallon de Vetschera (t. *Ichtimere*), sillon profond et parallèle à la chaîne.

Entre Yetschera et Baschkoé on ne rencontre, dans la basse crête boisée du Vodo-Balkan, courant O.—E., que des alternats arénacés semblables, et certains grès présentent ces divisions en carreaux, si fréquentes dans les Carpathes septentrionales. L'inclinaison N.-E. change quelquefois pour celle au S., comme on doit s'y attendre dans une formation à couches un peu ondulées. Au N. de Baschkoé les forêts cessant presque, il y a des grès quarzeux blancs inclinant au S., et suivis de calcaire compacte gris, courant du N.-O. au S.-E., et inclinant au S.-O. ou N.-E., sous 60 à 70°. Ces deux roches donnent lieu à trois crêtes.

En descendant dans la vallée tout-à-fait déboisée de Kasan, on remarque des alternats de grès marneux, d'argile schisteuse noire, et de grès quarzeux à impressions de feuilles minces et pointues, comme celles des saules. Kasan est entouré d'alternats de grès marneux et d'argile marneuse de teintes foncées, des petits filons de spath calcaire traversent le grès, qui est incliné au S.-E. Au N. de ce bourg le sol, dénudé et raviné par plusieurs torrents, permet de suivre toutes les couches, et laisse apercevoir, dans des alternats semblables, quelques calcaires marneux gris brun, et une grande couche de calcaire compacte noir à silex, courant du N.-O. au S.-E., et inclinant au S.-O. En continuant à monter vers le haut de la dernière crête du Balkan, à 3/4 h. de Kasan, on traverse du calcaire et du grès quarzeux, inclinant au S.-E. sous 10 à 12°. Sur le col est une assise puissante de grès quarzeux à points verts, inclinant au N.-E., et formant des escarpements et des sommités très bosselées, dont la plus haute est à 1/2 l.

à l'E. Ce grès se décompose en partie, comme celui de Pirna, en massifs pyramidaux et columnaires.

Entre ce point et les hauts plateaux au S. d'Osmanbazar, on trouve la vallée profonde du grand Kamtschik, qui est bordée d'alternats de grès et d'agglomérats semblables à des molasses, et inclinés au S.-E. ou à l'E. sous 15°. Une partie de ces grès calcarifères gris se divisent en carreaux, et forment çà et là, sur la route, un pavé naturel, fendillé et fort curieux. Ces dernières couches n'inclinent quelquefois que 5°. Le plateau au S. de la vallée précédente n'offre que des alternats de ces dernières roches, avec des argiles marneuses plus ou moins calcarifères et grises bleuâtres. Le Beg-Magalessi, affluent du Kamtschik, sépare ce plateau d'un autre qui est plus élevé, et dans une cavité duquel est placé Osmanbazar.

Entre cette ville et Eski-Djoumaa on a encore occasion de revoir, à 1 1/2 l. d'Osmanbazar, non loin de Karasholi, des alternats de grès impressionnés, semblables à des molasses, et courant de l'O. à l'E.; mais bientôt après on atteint du calcaire associé avec des marnes chloritées, comme celles de Sainte Menehould. Ces roches courant de l'O. à l'E., et inclinant au S., ne renferment que des traces de fossiles marins. Du reste le sol n'est pas favorablement accidenté pour voir les couches entre Karasholi et Derbend-Keui. A ce dernier hameau on revoit les marnes vertes, à côté d'un massif énorme de calcaire compacte gris ou brunâtre. Les couches de ce dernier sont contournées, inclinent en partie au S., et bordent le Kirkgetschi, défilé étroit S.—N. de 1 l., qui conduit de ✱ à Eski-Djoumaa. Ces dernières montagnes du système crétacé inférieur n'ont guère que 800 p. au-dessus de la vallée, et s'étendent de Jafanlar à Eski-Stamboul. Enfin on entre dans la craie marneuse, dans les coteaux au N. d'Eski-Djoumaa.

*La coupe d'Islivné à Tirnava*, par le Demir-Kapou (porte de fer) et Stareka, commence à Islivne même par une ascension rapide pour arriver au haut de l'arête-sommet. On tourne ainsi les sommités porphyriques du Tschatal-Dagh, et on atteint bientôt les mêmes alternats de grès et de calcaires que nous avons décrits sur la route d'Islivné, au sommet au-dessus de Vetschera. On traverse la partie supérieure des deux affluents du Petit-Kamtschik, et ensuite l'arête assez élevée qui se détache du Balkan, pour s'étendre au N.-E. Le Demir-Kapou et les cimes voisines sont composées des mêmes roches arénacées qu'entre Vetschera et Baschkoe. Entre Stareka et Bebrova, on revoit les calcaires compactes existant près de Kasan, et entre Bebrova et Tirnava, le prolongement des massifs bordant le Rousita. La quantité de torrents entre Demir-Kapou et la Rousita paraît avoir démantelé ce terrain plus qu'ailleurs.

*Coupe du Balkan oriental depuis Aidos à Schoumla.* — Le Balkan commence à 1 1/4 l. au N. d'Aidos, par un grand plateau couvert de broussailles de chênes, et ayant environ 1,400 p. d'élévation. On y monte par une pente rapide et de 1/4 de l. de longueur. Des argiles marneuses et schisteuses grises et des grès marneux inclinant au N.-E., forment cette déclivité. Sur le plateau, on observe au milieu de ces rochers des alternats de grès calcarifère et de calcaire compacte brunâtre, courant E. 2° S. à O. 2° N. A l'O., il y a des sommités qui sont de 400 p. plus haut que le plateau. De ce dernier, on descend dans une vallée très évasée, ou une plaine cultivée, dont le fond est formé par des grès marneux gris.

Après le village de Boghazdere-Keui, à 3 1/2 l. d'Aidos, on remonte la vallée de Boghazdere, courant du N. au S., et on y remarque successivement du calcaire sublamellaire gris brun, des alternats de grès marneux et d'argile calcarifère inclinant au N.-E. ou au S.-O., des calcaires argileux divisés en carreaux inclinant au N.-E., du calcaire compacte à petites veines spathiques, du calcaire rempli de debris blancs de coraux, une puissante masse de grès semblable à de la molasse. Ces dernières roches, en partie divisées en plaques de diverses formes angulaires, s'étendent jusque vers Iskodna, qui est à 1/2 l. du moulin placé dans la partie supérieure du Boghazdere. Elles inclinent quelquefois fortement tantôt au S., tantôt au N.-E. et courent de l'O. à l'E. Ces divers massifs donnent lieu à une chaîne boisée en chênes, en cormiers, etc., qui a environ 800 p. au-dessus de la plaine citée, et est environ 300 p. plus haute que le plateau au N. d'Aidos.

La vallée assez profonde du Grand-Kamtschik court tantôt E. et O. et tantôt N. et S.; elle est bordée d'alternatives de grès grossier ou fin, à pâte argilo-calcaire grise, avec de l'argile marneuse et quelques brèches calcaires fines. Sur les bords de la rivière, il y a un dépôt d'argile alluviale et de cailloux crétacés, primitifs et porphyriques, qui a jusqu'à 50 p. d'épaisseur. La chaîne arénacée au N. du Grand-Kamtschik offre une suite de cimes pointues et boisées, dont l'élévation peut aller à l'O. à 300 p., et à l'E. à 6 ou 800 p. au-dessus de la vallée.

Le village de Tikani, ou Kitschanik est sur un petit plateau, au pied de l'arête-sommet du Balkan, qui s'élève à environ 5 à 600 p. au-dessus de ce village, dont la hauteur est déjà de 1,369 p. Cette crête boisée sépare le bassin du Grand-Kamtschik de la vallée longitudinale E.-O., et plus étroite du Lopoutschka. On y observe successivement le long d'un petit torrent coulant E.-O. d'abord des alternatives de grès gris, de calcaire argileux violâtre, ou gris en partie coquillier; puis des alternats d'argile schisteuse noire, de marne argileuse et de grès grossier impressionné. Avant d'atteindre le col, on remarque des marnes grises inclinant au S.-E. sous 20 à 25°, et recouvertes d'agglomérats à fragments quarzeux, à points verts et ciment calcaire, au milieu desquels il y a des Térebratules striées, des Peignes et d'autres bivalves. Après cela, viennent des grès quarzeux blancs et jaunes et une masse puissante de calcaire compacte brunâtre ou jaunâtre, pétri de Polypiers et à Orbitolites. Enfin, au haut du col, il y a des alternats de grès et d'argile calcarifère feuilletée, avec une masse d'un calcaire sublamellaire blanc grisâtre.

Ces deux derniers calcaires forment au S. de la vallée de Lopoutschka, et au-dessus des bois de chênes, des cimes çà et là escarpees, qui s'élèvent à 3 ou 400 p. sur la vallée, tandis que le fond de la vallée et les hauteurs au N. ne laissent apercevoir que de belles coupes d'alternats de grès très argileux ou marneux et d'argile calcarifère bleuâtre, dont l'inclinaison forte est au N.-E. ou S.-O. On descend d'abord de l'O. à l'E. le torrent de Lopoutschka, qui va joindre le Grand-Kamtschik, puis on tourne du N. au S. pour arriver à Jedekmale où il y a le long de l'eau encore d'autres coupes de grès fin marneux très feuilleté, à impressions de plantes et incliné faiblement au N.-E.

Au N. de Jedekmale est Koimli, au pied d'une chaîne, dont le sommet est composé de calcaire compacte à teintes claires, inclinant au N.-E. En suivant le petit torrent de Jedekmale, on se dirige d'abord au N.-E., puis au N. pour déboucher enfin près de Kouroukheli dans la grande vallée du Petit-Kamtschik. Sur toute cette route, on ne voit que des grès marneux gris inclinant au N.-E.; à l'exception d'un point, où il y a une masse d'agglomerats et de grès de formation alluviale ancienne. Le Petit-Kamtschik court, comme le grand, tantôt presque O. et E., tantôt presque N.-S.; il est bordé de montagnes, composées de grès crétacés et boisées en chênes; leur élevation n'est que de quelques centaines de pieds.

On quitte cette vallée cultivée et ornée de villages à 4 1/4 l. avant Schoumla et on monte une très petite pente. Après Kirnouva, à 1/2 l. plus loin, on longe le pied de petites hauteurs boisées, qui atteignent plus loin au N.-E. à 8 à 900 p. d'élévation. Ce sont encore des massifs arenacés et crétacés. On passe au-dessous de Keuprikoi à 3 1/2 l. de Schoumla une petite rivière, qui coule du S.-O. au N.-E., et va se jeter dans le Petit-Kamtschik. Enfin, on n'a plus jusqu'aux collines de craie de Schoumla qu'une pelouse sèche à traverser.

La *coupe de Schoumla à Karnabat*, qui est la route impériale, ne doit guère différer de la précédente. Près de Tschalikavak, il doit y avoir des grès verts quarzeux, et le col de l'arête-sommet est aussi bas. Une plaine s'étend de Dobrol à Karnabat.

Les *coupes d'Aidos à Paravadi* et de *Misivria à Varna* sont encore plus simples et plus courtes que les précédentes. Des grès marneux avec des calcaires compactes quelquefois coquilliers et des argiles schisteuses continuent à former les dernières crêtes du Balkan au-dessus du Taschirdere. En-deçà du sillon longitudinal du Kozakodere on retrouve le prolongement du massif calcaire indiqué au N. de la vallée du Lopoutschka-Rieka. La vallée longitudinale du Kamtschik coule encore surtout dans des grès crétacés. Entre elle et le Paravadi il y a une continuation des collines de craie verte et inférieure de Schoumla, et au N. du Paravadi est un vaste plateau de craie blanche, tandis que des dépôts argilo-sableux tertiaires ont comblé en partie la vaste cavité qui s'étend de Varna à Schoumla sur les bords du Paravadi.

Toutes ces coupes montrent clairement que le Balkan oriental, à partir de Karnabat, et même d'Islivné, n'est qu'un amas de plusieurs crêtes crétacées. Si l'on devait vraiment réunir aux grauwackes certains grès et calcaires de la gorge au N.-E. d'Islivne, ce que nous ne croyons pas, cela n'altérerait guère cette conclusion.

*Position des masses.* — D'après les coupes détaillées, on voit que la direction des couches est un peu oblique à celle de la chaîne et presque N.-O. — S.-E., tandis que l'inclinaison générale est au N.-E. Les ondulations des couches et des accidents postérieurs de fendillements expliquent les exceptions à cette règle.

### *B.* Système supérieur ou craie verte et blanche.

*Distribution.* — Ce système forme dans la Bulgarie orientale de vastes plateaux, ou des coteaux à sommets plats en petit comme dans la Bauce. Leur limite méridionale est environ le cours du Kamtschik, au-dessous de la réunion des deux rivières de ce nom, la plaine au S. de Schoumla, la chaîne au S.-O. d'Eski-Djoumaa et Tirnava. Au S., ils s'étendent au moins vers Arnautkoi, au S. de Razgrad, et au N. de Koslidschavers et de Bazardschik. Vu la direction oblique du système arénacé crétacé, relativement à la forme de la Bulgarie, ils ne se prolongent pas dans la partie tout-à-fait occidentale de cette province, et se cachent sous les dépôts tertiaires des bords du Danube et de la Valachie.

*Composition.* — On y reconnaît comme dans l'Europe occidentale des assises inférieures arénacées et calcaires à grains verts, et des masses supérieures de craie grossière ou fine à silex, en rognons et filons (Schoumla), et à Belemnites (esp. mince, à Koubadın).

Les environs de Schoumla sont disposés très favorablement pour l'observation des couches inférieures, qui y forment un dos d'âne, en étant inclinées au N. de la ville, au N. sous 15 à 20°, et au S. de Schoumla, au S. sous 10 à 15°. Une partie de l'extrémité orientale de ces couches courbes a été détruite. La ville occupe le lieu où jadis ces couches se réunissaient, et qui est maintenant une cavité semi-circulaire entre deux collines de 3 à 400 p. d'élévation. Des argiles tertiaires et alluviales sont venues remplir cette ancienne baie et ont produit, à son ouverture tournee vers la mer Noire, trois hauteurs en demi-lune, dont l'une sert de rempart à la ville de ce côté, tandis que la seconde, placée à l'O. du village de Strandscha, supporte trois redoutes, ou forme le rempart le plus extérieur.

La colline au N. de Schoumla offre sous la citadelle, vers Strandscha, comme sur la route de Razgrad, du calcaire crayeux à silex noir et jaune, en rognons et en filons, et du calcaire crayeux à points verts, supportant une assise assez puissante de sable ou de grès quarzeux vert peu agrégé. Au-dessus de ce dernier est un calcaire crétacé très coquillier et poreux. Minéralogiquement il rappelle en partie ce calcaire particulier qui couvre la craie à Laversine, près de Beauvais, en France. On l'exploite en grande carrière pour la bâtisse. Les fossiles sont des Térébratules lisses et striées, des grosses Huîtres (*Ostrea vesicularis*), des Gryphées, des Peignes, des Limes, des Nérinées, des petites Natices et d'autres univalves turbinées, ainsi que des Echinodermes, divers Polypiers en particulier, des Cellepores et des Flustres.

En descendant au N. du très petit plateau crayeux formé par ces dernières roches, on les voit recouvertes en stratification concordante par des craies grossières à silex, en couches inclinées. Cette pente rapide conduit dans un vallon évasé, couvert çà et là de débris crétacés ou de silex. Un plateau bas, composé de craie grossière presque horizontale, le sépare d'un autre vallon, près de Veteschler. On y remarque des blocs de grès quarzeux à coquillages, à fragments d'Echinidées et de Polypiers. Un autre plateau semblable est interposé entre cette cavité et celle de Bouratlere, qui est à 1 l. de là. La craie y est tout-à-fait horizontale, et paraît s'étendre jusqu'à environ 2 1/2 l. de Razgrad. On a encore à passer quatre plateaux jusqu'à cette ville, dont le troisième est le plus large et est couvert de bocages; il nous a paru déjà tertiaire. A Boualkesen, à 1/2 l. N. de Bouratlare, il y a un vallon courant N.-O.—S.-E., auquel succède un plateau bas et couvert de terre noire. Le village Outjuler se trouve sur le grand plateau à bosquets, dont le sol se fait connaître à la descente vers Arnaut-Koï, comme composé de calcaire tertiaire pisolitique ou compacte, en couches horizontales.

Si on monte depuis Schoumla sur la colline au S., le sol tout-à-fait dénudé fait voir successivement les couches suivantes : de la craie grossière; 30 à 40 p. de sable et de grès vert ou à points verdâtres; de la craie blanche, occupant au moins 80 p.; 30 p. de grès calcaire, avec des petites Gryphées (*G. Columba*); 60 p. de sable quarzeux et de grès coquillier, avec des lits de Pectoncles et d'autres lits pétris de debris de Pectoncles, de Vénus, de Cucullées, de petits Gryphées et grandes Huîtres, d'Inocérames, de Catillus, d'Echinidées, de Galerites et de divers Polypiers (Cellepores, Flustres, etc.); 20 p. de grès calcaire à petites Gryphées et Huîtres (*O. auriculata?*); de la craie compacte; de la craie grossière à Huîtres, petites Gryphées (Nov. Sp. voisine de l'*auriculata*), Cucullées, Vénus, Limes; et au haut du plateau de la craie compacte, grenue ou poreuse, avec les fossiles suivants : *Ostrea vesicularis*, *Catillus* (*C. labiatus*), Inocérames, *Pecten quinque costatus*, Térébratules (*T. Wilsoni* Sow., *lata* Sow., et une espèce voisine de l'*obesa* Sow.), Echinidees (*Echinus*), dents de Requin, et peut-être des ossements de reptiles. Une autre exploitation est ouverte dans ce calcaire, inclinant, comme toutes ces couches au S., sous 10 à 15°.

La cavité de Schoumla n'a que la forme trompeuse d'un cratère de soulèvement, car à l'E. les deux collines décrites sont réunies par un plateau, d'où descendent, vers Schoumla, trois petits vallons. Ce plateau s'étend à l'O., vers Novo-Selo et Boular, et se rattache aux plates-formes plus bas, entre Eski-Djoumaa et Arnaut-Koi. A l'E. les hauteurs au S. de Paravadi ont la même structure et la même nature que ceux de Schoumla. Elles forment le Ljousom-Pokritia des géographes, et se terminent brusquement par des pentes assez escarpées, au S.-E. du bourg de Paravadi. Le reste de l'espace, entre ce point, Schoumla et le petit Kamtschik, est occupé presque entièrement par le sol tertiaire.

Nous avons déjà indiqué au S.-O. d'Eski-Djoumaa des calcaires argileux à points verts et des calcaires compactes; à Eski-Djoumaa, on trouve déjà de l'argile calcarifère tertiaire et bleuâtre, à peu près comme celle des collines subapennines et de Vienne, ce qui prouve que la mer tertiaire s'étendait de Paravadi jusque vers cette ville. Entre Eski-Djoumaa et Arnautkoi, on a à traverser sept petits plateaux et six vallons, courant, le premier du S. au N., et renfermant le hameau de Tauslartschiflikeui, le second à 1 1/2 l. plus loin du N.-O. au S.-E., le troisième du N.-O. — S.-E. à Elradin, à 1/2 l. plus loin, le quatrième de l'O. à E., le cinquième coupant le précédent du S.-O. au N.-E. et contenant le hameau de Koubadin, le sixième de même et recélant le village de Sonschak.

Ces plateaux sont crétacés jusque vers Sonschak, qui est situé sur le sixième plateau, composé de deux gradins. A Elradin, les collines, de 150 p. d'élévation au-dessus de la vallée, offrent de la craie grossière à Bélemnites fort minces et en couches très faiblement inclinées au S. A Koubadin, la même craie blanche grisâtre, à parties plus foncées, est horizontale. Dans la Bulgarie occidentale, les noms du bourg de Kamenopol et du village de Kremenl (pierre à fusil) paraîtraient indiquer des dépôts crétacés qui n'appartiennent peut-être pas au système inférieur crayeux. Les hauteurs de Nicopolis sont dites être aussi crétacées.

2. SYSTÈME CRÉTACÉ DE LA TURQUIE OCCIDENTALE ET CENTRALE.

La partie arénacée de ce système est caractérisée par des grès gris plus ou moins fins ou grossiers, tels que ceux des Carpathes et de la Transylvanie. Ces roches, ressemblant minéralogiquement aux grauwackes, contiennent, dans une pâte argileuse plus ou moins voisine du schiste argileux, ou assez souvent calcarifère et effervescente, des fragments d'argile schisteuse ou de schiste argileux, de schiste siliceux et de quarz avec des paillettes de mica. Les montagnes du Tzerni-Vr, près de Maidan, de Belopolie, de Vratschevschnitza, en un mot celles de Roudnik, en Servie, peuvent servir d'exemples. Lorsque ces roches sont calcarifères, elles sont traversées de petits filets calcaires et ont une tendance à se déliter en masses cubiques, comme cela se voit dans le Balkan et le Pinde, près de Metzovo, à Rhedias, entre Ardela, Perivoli et Boboussa, aux sources du Konitza et le long de cette rivière. On s'y trouve transporté au Kahlenberg, près de Vienne en Autriche.

Ces roches grossières passent par des passages insensibles à des grès très fins et argileux, et de ceux-ci à des schistes arénacés, qui deviennent çà et là réguliers et ressemblent quelquefois beaucoup à des ardoises grises ou rougeâtres. Elles ne contiennent pas de restes organiques, à l'exception de parties charbonneuses végétales, comme au N. de Novibazar, et même il est assez rare d'y voir des impressions assez bien conservées de tiges herbacées semblables à des roseaux, comme cela a lieu dans la montagne près de Tzernoutia et près du couvent de Vratschevschnitza, dans les monts de Roudnik. Des Fucoïdes n'y paraissent exister que dans des marnes schisteuses, comme c'est le cas dans le Pinde et le Balkan. M. Pouqueville y cite des veines de charbon fossile dans la montagne de Cacardista, en Épire.

Les couches subordonnées de ces dépôts ne consistent

qu'en couches calcaires, rarement sous forme de brèche (Kosnik), quelquefois coquillières et en agrégats grossiers, quelquefois quarzeux, et alors gris ou rougeâtres, comme ces roches entre Rabotschevo et Raila (Servie), et comme celles près du couvent de Vratschevschnitza, qui font le pendant de celles de Zalathna, en Transylvanie (1).

Entre Rabotschevo et Koraschitze, un banc de calcaire compacte à encrines accompagne un agglomerat composé de fragments de schiste et de calcaire. Au haut du Kouperschitza, il y a, dans les montagnes schisteuses, des calcaires compactes gris, rouges et brunâtres, qui se revoient aussi dans le mont Venschatz et près de Divostin, et y sont associés avec des roches cretacées incontestables.

Ces dernières sont bien exposées dans le vallon de Dratscha, à 2 1/2 l. O.-N.-O. de Kragoujevatz. Un calcaire compacte gris, bleuâtre, rougeâtre ou brunâtre, en partie schistoïde, y renferme des Encrines, des Caryophyllies, des Astrées, des Fongites, des Cyclolites, des Hippurites, des Orbitolites (*O. bulgarica* nobis), des Huîtres, des Nérinées et des Ananchites, dernier fossile découvert dans un calcaire argiloïde par M. Viquesnel; il y a surtout quelques lits pétris d'Orbitolites. Cette épaisse masse calcaire a la même direction N.-N.-E. à S.-S.-O. et la même inclinaison O.-N.-O. des schistes arénacés voisins. On passe, sans la moindre interruption, des calcaires aux schistes noirs, alternant avec des grès.

D'un autre côté, on observe dans les grès de Kosnik des calcaires, assez semblables à Encrines et Polypiers, et dans la vallée de Topschider, des alternats de grès fins et de schistes marneux pailletés noirs, se liant, par leur direction du N. 22° O. ou S. 22° E., à des calcaires compactes gris, bleuâtres, rouges et bruns jaunes, roches remplies de fragments de Rudistes, de Polypiers divers, avec des Encrines, des Nummu-

(1) *Voyez* mon Mémoire sur ce pays dans les Mémoires de la Société géologique de France.

lites et des Térébratules lisses et striées. Ces calcaires à Hippurites sont exploités sur la Save, en dehors du vallon de Topschider, et se voient aussi à Knesivatz, à 1 h. plus à l'O., ainsi que vers Jerkova.

Si ces roches et ces fossiles déterminent l'époque de formation de notre système arénacé en Servie, les serpentines et les roches feldspathiques amphiboliques, au milieu de ces dépôts, sont environnées de masses, qui ont des caractères minéralogiques propres aux terrains primaires (intermédiaires) ou cristallins. Dans ces cas se trouvent les schistes du mont Avala, avec leur calcaire grenu et leur porphyre granitique, les schistes de Visoka avec des porphyres, les grès des monts Schtouratz avec des porphyres métallifères, les roches schisto-arénacées du Kopaonik, avec leurs serpentines et leurs porphyres syénitiques. C'est, en un mot, les anomalies minéralogiques du même terrain dans le S.-O. de la Transylvanie, avec la seule difference que dans ce dernier pays la production de matières ignées y a été plus grande, et les imprégnations métallifères sur une plus grande échelle. Nous ne pouvons y voir qu'un effet igné d'injection et de transmutation, et déclarons de nouveau qu'il est de toute impossibilité de séparer ces produits bizarres des dépôts crétacés voisins.

Les montagnes de la Servie centrale une fois reconnues pour crayeuses, on n'éprouve guère de difficultés d'en rapprocher les roches arénacées et calcaires, qui remplissent dans la Haute-Mœsie une espace assez considérable entre Pirot, Trn, Kostendil, Doubnitza et la route de Sophie à Pirot. Entre Pirot, Trn, Grlo et Tzaribrod, ce ne sont que des alternats continuels de grès gris, ressemblant quelquefois à des molasses avec des schistes arénacés argiloïdes qui, en échantillons, rappellent les grauwackés schisteuses. Au milieu de ces alternatives s'intercalent de temps à autre d'assez épaisses couches de calcaire compacte, surtout gris, et quelquefois rouge, qui donnent lieu à des défilés. Ainsi, on remarque de ces calcaires entre le Divlianska-Rieka et le Novoselska-Rieka, et surtout sur les bords du Loukanitschka-Rieka et du Soukova. Sur ces dernières rivières, nous avons vu dans les calcaires des Encrines, des Térébratules lisses et striées, une Huître-Gryphée, des Polypiers en partie silicifiés, et une partie d'une assise avait une structure oolitique cachée, comme certains calcaires des environs d'Idria en Carniole. A 1 l., au S. du confluent du Soukova et Loukanitschka-Rieka, existe un calcaire rouge à Térébratules, et au S. de la Soukova, à environ 2 l. à l'O. de Pirot, il y a des calcaires blanchâtres, pleins de débris de coquillages univalves et bivalves, en particulier, des Huîtres ainsi que des Encrines.

Le calcaire de l'étroit vallon de Trn n'est autre chose que celui du Novoselska-Rieka, et il s'étend de là vers Selenigrad sur le pied du Schirena-Planina aussi bien que dans la vallée de Philipovtza, vers le pied occidental du mont Vitosch, vers Radomir, Pobovdol, Doubnitza, Verbovnitz, et Kostendil. Il est le plus souvent sans fossiles, et associé avec des roches qui rappellent minéralogiquement les grauwackes; mais au mont Koniavo, au N. de Kostendil, M. Viquesnel y a découvert des Nérinées, des Polypiers, des Térebratules et des Bucardes.

D'un autre côté, on trouve ce système percé de roches ignées, savoir : de porphyre pyroxénique, entre Grlo et Pirot, de trachyte ou de porphyre feldspathique à l'O. de Trn, tandis que dans le mont Vitosch se présentent des roches syénitiques et des imprégnations métallifères. Outre ces injections de matière étrangère, il reste a établir nettement la séparation du terrain arénacé d'avec les micaschistes véritables et les schistes argileux du Schirena-Planina, ce que nous n'avons pu faire.

Les chaînes orientales de la Servie et de la Mœsie supérieure nous présentent d'énormes masses de calcaire compacte, le plus souvent sans fossiles, et alternant avec des marnes ou des roches arénacées. Ces dernières sont en bonne partie grises, et ont l'apparence de grauwackes, comme sur le Loukovitza-Potok, au S. de Loukova, près de Milanovatz, et ailleurs à Boutsch, près du Bania de Brestovatz. On dirait même qu'on se trouve dans le même terrain qu'au centre de la Servie, avec la différence que le calcaire se serait déposé en bien plus grande quantité que là ; mais d'autres accidents viennent éloigner cette idée.

Parmi ces anomalies se distinguent les grès rouges de Slatova, au S. du Moutnitschka-Rieka, et près de Bania non loin de Nisch. Ces grès rouges, à debris quarzeux, se voient dans les montagnes à l'O. du Topolnitza-Rieka, et plus au N. en-deçà, de couches de calcaire compacte blanchâtre ; ils composent toute la pente de la montagne, qui conduit du Plotscha-Karaoul à Bania. Ces roches, ressemblant minéralogiquement à des grès bigarrés, alternent avec des grès schisteux micacés, inclinent à l'E. ou au S.-E. sous 45°, et renferment deux couches de calcaire compacte, l'un un peu siliceux, rouge ou jaune, et l'autre gris et un peu fétide. Un calcaire compacte blanchâtre ou gris couronne les hauteurs, en recouvrant positivement ces grès, et se lie avec la masse calcaire du Stara-Planina et du Souva-Planina.

Ce dépôt arénacé rouge s'étend de là au N.-E. ; la Nischava le traverse au sortir de son canal étroit, à 1 1/2 l. de Bania, et continue à former une partie des basses montagnes, qui bordent à l'E. la plaine de Nisch jusque près d'Oreovitsch. Au N. de Krivi-Vr en Servie, les mêmes alternats arenacés et schisteux rouges forment une plate-forme de 2 l. d'étendue, et l'innaison, étant à l'E., on pourrait soupçonner que le grès plonge sous les calcaires compactes et oolitiques de Krivi-Vr. Le grès de Slatova, au haut de la vallée de la Resava, est quarzeux, rouge et en partie grossier. Enfin, à Toplonitza, au N.-E. de Gorniak, il y a les mêmes grès, accompagnés de poudingue feldspathique et de grès à fragments rougeâtres, peut-être aussi une matière feldspathique.

Nous ne pouvons ni ne voulons placer ces grès rouges définitivement dans le sol crétacé, quoique nous pourrions citer à l'appui, qu'entre Doubnitza et Radomir en Mœsie, il y a des alternats positifs de grès quarzeux rouge semblable, avec du calcaire dolomitique en partie poreux. Ces couches arénacées y inclinent au S. sous 45°, et courent de l'O. à l'E., en s'étendant depuis Abek jusque vers Jedno. Au N. de Radomir, on voit des alternatives identiques, et le calcaire y est compacte ou bréchoïde, gris ou rougeâtre. Or, il paraît de toute impossibilité de séparer les calcaires de ces grès de ceux de Rakovatz et de Radomir, comme de ceux qui bordent à l'E. la vallée de Maloselo à Pobovdol, et qui ressortent près de Verbovnitz; en un mot, de roches que nous avons déjà classées dans le sol crétacé.

D'un autre côté, en allant de Malina ou du bassin de Sophie à Komartzi, on trouve qu'à 1 l. à l'E. de Malina les alternats de grès et de schiste gris, courant de l'E.-N.-E. à l'O.-S.-O., sont remplacés par un calcaire très compacte et esquilleux, assez semblable à une pierre lithographique grise. Cette roche court de l'E. à l'O. et forme une petite colline de 200 p. Après la plaine de Taoukkeui, on trouve à 2 l. plus loin à Taschkisi du grès quarzeux, courant du N.-O. au S.-E. et inclinant au S. Cette roche sert de meules, et à 1 l. de là Strigl est entouré de grès rouge, tandis qu'à Komartzi il y a du micaschiste, courant du N. au S., et plus au N.-E. des schistes argileux courant N.—S. ou N.-N.-E.—S.-S.-O. Telles sont toutes nos observations sur les grès rouges de la Turquie orientale; nous les reverrons en Bosnie dans le sol crétacé.

Quant aux calcaires de la Servie orientale et de la Mœsie, ils sont tantôt presque horizontaux, tantôt fort inclinés. Dans ce dernier cas se trouvent les couches de calcaire compacte esquilleux du Rtagn, et une partie de celles du Bannat et du N.-E. de la Servie, et dans le premier celles du Belava-Planina, et à l'E. de Moustapha-Pascha-Palanka. Ces roches sont le plus souvent compactes blanchâtres, grises jaunâtres, ou rougeâtres, et rarement dolomitiques, ou sous la forme de corgneule dolomitique, comme au N. de Vremtscha (2 l. N.-N.-O. de Bania en Servie). Elles sont quelquefois très feuilletées et presque lithographiques, comme sur le plateau entre le petit Timok et le Vratarnitza. Elles offrent rarement des oolites compactes, comme à Krivi-Vr et sur la Nischava, accident qui se revoit en Carniole. Elles fournissent çà et là des marbres blancs, rouges et gris, comme dans les montagnes à l'E. de Paratchin. A Orekovitza, dans le district de Koutschaina, il y a de ces calcaires noirs à fer hydrate; Malinik, Manassia, Gostine, Glavtzina, près de Slatova, sont entourés de calcaire compacte. Les fossiles y sont rares et accumulés dans certains lieux. Dans la Mœsie supérieure, on n'en voit que des traces; mais sur la route de Nisch à Gorgouschovatz, entre le petit et le grand Timok, il y a des couches qui sont si remplies de polypiers, qu'elles ressemblent au coral-rag. Nous y avons reconnu des Bucardes, des Trochus, des Huîtres cretées et lisses, des Encrines, des Caryophyllies, des Astrées, des Échinodermes, etc.

Sur le Danube, il devient évident que les calcaires serbes ne sont que le prolongement de ceux du Bannat. Or, dans ce dernier pays, les calcaires de Mehadia, et entre Ogradina et Kasan, paraissent coquilliers, et contiennent au moins des Encrines, des Térébratules, etc., tandis que les traces de fossiles sont bien plus rares dans les calcaires qui viennent passer le Danube, entre Loupkova et Moldava ou Goloubatz. De plus, ces derniers sont adossés à des gneiss et enclavés entre des schistes argilo-talqueux et des roches chloriteuses. D'énormes filons de porphyre amphibolique les ont percés; et le calcaire est converti çà et là en marbre grenu à minéraux cristallisés. On retrouve donc encore là des accidents semblables à ceux signalés dans le système arénacé de la Servie centrale.

Les roches micacées et calcaires de Moldava se retrouvent en Servie dans les montagnes à l'E. de Goloubatz et près de Gorniak, tandis que le haut des vallées serbes du Poretschka-Rieka et du Pek, ainsi que les environs de Maidan-Pek offrent le prolongement des couches schisteuses cristallines, près de Szaszka. On y rencontre aussi les mêmes calcaires grenus (Mt. Stol), et les mêmes imprégnations métallifères que dans les districts miniers du Bannat. A Klisoura, près de Troubarevo, M. de Herder a trouvé du micaschiste. Les calcaires bordant le Danube pendant près de 2 l. depuis Kasan à Ogradina, semblent se rattacher aux montagnes calcaires entre Szaszka et Neu-Schopot. Des couches calcaires passent le Danube à 500 t. plus bas que le moulin de Votitz, entre Orschova et la Porte-de-Fer, en formant à côté des micaschistes, inclinés à l'E. sous 30 à 40°, une épaisseur de 150 à 200 t. D'autres observateurs établiront le rapport de ces masses avec la chaîne calcaire à l'E. de Mehadia.

Le terrain crétacé à Hippurites et à Nummulites a pour caractères généraux, en Turquie, de former, comme le Jura français et suisse, une série de vallées parallèles. De plus, ces cavités sont assez souvent sans cours d'eau, ou bien les torrents s'y perdent dans des conduits souterrains pour ressortir au loin dans des cavernes (s. *Petchina*), ou de dessous des rochers. Toutes les cavernes de la Turquie se trouvent dans ces dépôts crétacés. Plus rarement on y observe des puits naturels, comme dans le Jura et le terrain primaire (intermédiaire) en Moravie et en Angleterre. Enfin, le sol du système crétacé est souvent aride, dépourvu de terre végétale, et même très raboteux ; quelquefois il est couvert d'entonnoirs ou de combes. Les parties cultivables sont dues aux couches arénacées et argileuses, subordonnées aux calcaires de cette formation, ou bien à une argile alluviale rougeâtre, qui existe surtout dans le voisinage d'anciens dégorgeoirs, ou de katavothrons encore existants.

Lorsqu'il y a manque de roches argileuses, il se produit un pays vraiment tout-à-fait de rochers dénudés, comme on n'en revoit que sur les cimes de certaines alpes calcaires. Ainsi dans le Montenegro, par exemple, les rochers prennent tant de place, qu'on dit vulgairement que « les sacs du bon Dieu se sont déchirés lorsqu'il a semé les pierres sur la terre monténégrine. » La marche des piétons comme des chevaux devient difficile dans de pareilles localités rocailleuses et pleines de trous et d'aspérités.

Les vallées parallèles du système crétacé sont un accident si général en Turquie, qu'on les remarque partout, et même dans le Balkan, ainsi que sur la frontière de la Bulgarie et de la Mœsie supérieure. Hors du Balkan, la direction de ces sillons est du N.-O. au S.-E., comme le prouve surtout la topographie de toute la Turquie occidentale. En décrivant cette partie de l'empire, nous avons donné suffisamment d'exemples de ses vallées sèches, de ses sources sortant en torrents et de ses gouffres, pour n'avoir plus besoin d'en ajouter de nouveaux ; mais il n'en est pas de même des cavernes et des puits naturels.

Des *cavernes* existent çà et là, surtout dans les parties escarpées de rochers calcaires. Ainsi l'Acroceraune en présente plusieurs; la muraille sous Croja en a trois ou quatre, et un torrent sort de la plus inférieure. En Bosnie et Herzegovine, on en observe aussi dans la même position. Il y en a sur le pied septentrional du Kopaonik, près de Gorniak et de Ravanitza dans le N.-E. de la Servie et sur le Danube; ceux du général Veterani et des Moucherons près de Goloubatz ont obtenu une certaine célébrité. M. Schueler a observé aussi des cavernes, ainsi que des trous ou des entonnoirs dans le calcaire crétacé inférieur de la Vallachie, en particulier près de Bonora, de Brebena et d'Ursechti, dans le district de Méchedinzi, dans l'arrondissement de Kloschan. La grotte de Boulba est s grande, que M. Schueler n'a pas pu la parcourir en entier, quoiqu'il y eût fait 1 1/2 l.

La plupart des grandes cavernes, ne sont que les restes d'anciens conduits de torrents souterrains, tandis que celles peu profondes sont dues à des décompositions de certaines parties de la roche combinées avec la position inclinée des couches, comme le montre bien celle existant à l'E. de Schalia. Il est particulier que jusqu'ici aucune caverne en Turquie et en Valachie n'a offert de dépôt ossifère, quoique quelques unes présentent des limons rougeâtres, et que le mode du remplissage des cavernes à ossements soit démontré encore actuellement par les katovothrons de la Turquie.

Il faut qu'il y ait aussi çà et là, dans les montagnes de calcaire crétacé, des cavernes cachées, qui se remplissent petit à petit d'eau, et ne se vident que par un conduit semblable à un siphon; du moins c'est la seule manière d'expliquer l'arrivee à la surface du sol d'eau contenant des poissons, comme le prétendent çà et là des gens du pays. Il paraît maintenant assez positif que certaines détonations, remarquées quelquefois dans les îles de la mer Adriatique, ne résultent que de l'air comprimé dans des cavernes, dans lesquelles l'eau de la mer est poussée par certains vents (1).

Les *puits naturels*, dans le calcaire crétacé, sont aussi assez fréquents, quoiqu'ils soient rarement aussi bien caractérisés que celui de Ledenitza ou de la glacière, dans le bois au pied méridional du Rtagn (*Voyez* vol. I^er^, pag. 132). Les combes ou entonnoirs, si fréquents surtout sur les plates-formes calcaires, ne sont que des puits semblables, ou des fentes par lesquelles les eaux ont long-temps filtré, et qui ont fini par produire des écroulements par suite d'érosions.

Le *système crétacé à Hippurites* se présente en crêtes allongées, surmontées les unes simplement de grosses têtes, tandis que d'autres sont hérissées de pics et de pyramides. Les sommets sont tantôt gazonnés, ou boisés même, et tantôt une série de rochers nus grisâtres. Rarement on y remarque des monts pointus isolés, comme par exemple ceux près d'Antivari, et le Vitzi (?), près de Castoria. Les escarpements y abondent, comme dans le système à Nummulites, et les inclinaisons des couches y produisent aussi des montagnes à pente douce d'un côté, et à murailles de l'autre. Ailleurs le système à Hippurites ne donne lieu qu'à un pays bas sans eau, parsemé d'une foule de petites buttes rocailleuses, entre lesquelles il y a des cavités ou combes. Ces régions ne ressemblent pas mal à des lieux où il y a eu d'anciennes carrières. Comme dans le système à Nummulites, la direction des couches est parallèle à celle des chaînes, mais l'inclinaison varie beaucoup, vu l'ondulation des couches, ou les soulèvements et fendillements éprouvés.

Les différentes configurations du terrain occupé par notre système dénotent autant d'associations différentes de roches. Ainsi les pays rocailleux, bosselés et pleins de trous, tels que

(1) Voy. *Uber die Detonationen der Insen Meleda;* par M. Partsch.

la basse Carniole, une partie de la basse Croatie turque, la contrée à l'O. de Valievo, celle entre Schatista et Kojani, en Macédoine; toutes ces localités n'offrent surtout que du calcaire compacte sans fossiles, et en partie très mal stratifié, ou du moins il est très difficile de rétablir l'ordre dans un sol si plein de dérangements. Ce sont de grandes oasis calcaires au milieu de roches arénacées et marneuses.

Quand le calcaire crétacé à Hippurites s'élève en montagnes, on le voit le plus souvent alterner, en très épaisses couches, avec des roches arénacées, savoir : des grès gris et des argiles schisteuses, ou bien avec des schistes qui ont l'apparence minéralogique de roches primaires (intermédiaires). Comme celles du calcaire à Nummulites, ces alternatives n'ont pas lieu de manière à mélanger beaucoup ces roches, mais au contraire, bien plus fréquemment d'assez puissantes masses de calcaire s'elèvent en buttes, en séries de rochers, ou même en montagnes plus ou moins considérables et à escarpements, entre d'autres assises arénacées ou argileuses, qui, vu leur décomposition plus aisée, occupent surtout les vallées, les cols et certaines pentes de montagnes. On comprend combien cette distribution des parties composant notre système ajoute à la variété du paysage; aussi la Bosnie est-elle sans contredit le pays le plus pittoresque de toute la Turquie. Les forêts et les prairies de cette contrée couvrent en bonne partie les masses arénacées et argileuses, en même temps que les calcaires ressortent en têtes nues rocailleuses, ou supportent sur leurs escarpements des prés subalpins. Tous les castels de Bosnie, de l'Herzegovine, comme de l'Albanie, sont perchés sur des rochers calcaires, et les défilés les plus étroits et les plus abruptes en sont aussi composés.

Dans la Servie occidentale on trouve le mont Vlaschitch composé de roches arénacées, tandis que la chaîne entre le Jadar et la Drina est surtout calcaire. Néanmoins, au milieu de ces masses considérables de calcaire sans fossiles, on remarque des schistes calcarifères à pétrifications. Sur la pente septentrionale du Jagode-Planina, près de Kroupagn (à la fontaine), nous vîmes d'assez grosses bivalves indistinctes, voisines des *Productus* ou *Spirifers* (?), et à l'O. de Bela-Tzrkva des Tornatelles gigantesques (Murch.) qu'on trouve à Gosau.

Dans la cavité d'Oujitze dominent les schistes argiloïdes, en partie à noyaux quarzeux, plus au S.-E. le mont Jelitzè offre du schiste quelquefois rouge et du grès, et entre cette montagne et le village de Dlin il y a de la brèche calcaire, et plus au S. sont des schistes argiloïdes percés de filons serpentineux. Mais en-deçà de ces roches, en apparence anomales dans le système crétacé, autour de Novibazar, le grès crétacé ou carpathique bien caracterisé est remplacé, à 1 l. à l'O. de la ville, par un calcaire compacte gris à Rudistes. Ces êtres problématiques y paraissent encore en place, et à Mekinie on en peut extraire des echantillons parfaits, comme ceux du Nagelwand, dans l'Untersberg, près de Salzbourg. Nous avons cru y reconnaître les espèces de l'*Hippurites Cornu Pastoris*, *Fortisii* et *Vaccinum*, sans y remarquer les Hippurites tuyaux d'orgue qui existent dans la Provence, à Salzbourg et à Hieflau. Ces dernières roches sont suivies à l'O. de grandes montagnes calcaires, mais au S. les montagnes de Vrenie, de Kolaschin et de Tschetschevok sont en grande partie composées de schistes argilo-calcarifères ou argileux purs, et au milieu de ces roches s'élèvent de grosses têtes de calcaire compacte (mont Stavitza).

Dans le N.-O. de la Bosnie, entre Travnik, Brod et Novi, la formation du calcaire à Hippurites s'offre encore avec des caractères simples. De grosses masses de calcaire, en apparence sans fossiles, sont séparées par des étendues de grès, d'argile schisteuse, de brèche et d'aggloméral calcaire. La vallée de l'Ougra, une partie de celles de l'Okrina, du Verbania, du Sana, sont formées par ces derniers alternats. Des endroits fort instructifs se trouvent à Vitolia, entre le Vlasitch et l'Ougra, ainsi qu'entre Skender-Vakoub et le mont Tisovatz. Dans la première plate-forme il y a dans les marnes schisteuses des calcaires à Hippurites, à Orbitolites et Polypiers, ainsi que des brèches calcaires qui rappellent celles exploitées à Untersberg. On y remarque aussi du calcaire blanchâtre à Nérinées. Dans la seconde localité, des alternats de marne, de calcaire et de brèche à Hippurites existent près de Vartsche. Des coquillages microscopiques (Triloculines) s'y associent aux Orbitolites, aux petites Huîtres et aux Rudistes (Hippurite voisin de l'*H. problematicus*, Desh.).

Ces divers pays montueux reconnus pour crétacés, on peut encore faire un pas de plus, et y adjoindre aussi les montagnes calcaires entre Bosna-Serai, Vischegrad et Zvornik, malgré qu'on y remarque des grès rouges. Ces dernières roches sont quarzeuses et se voient au N.-O. de Pratza, près de Koleschitz, au N.-E. de Serajevo, sur la route de Mokro, et au-dessus de Podgore-Han, à 7 l. au S.-O. de Zvornik. Dans ce dernier lieu, ils alternent avec des grès gris ordinaires et des schistes argiloides rouges et gris. A 1 1/2 l. au S. de Zvornik, du schiste rouge se montre dans le calcaire, et à 1/4 l. plus au N., il y a deux masses assez épaisses composées de grès quarzeux compacte et d'agglomerat à gros cailloux de quarz. A 1/2 l. au S. de Zvornik, du schiste rouge et violâtre est intercale positivement dans le calcaire compacte; or, ce dernier est crétacé puisqu'on y remarque des restes d'Hippurites et d'autres fossiles, qui abondent surtout dans la montagne entre Serajevo et Mokro.

Les pentes méridionales et S.-E. du Kourilo-Planina et Soua-Planina, en Albanie, présentent des grès rouges et blancs, et des agglomérats quarzeux qui sont analogues à ceux de Zvornik, et qui passent distinctement sous le calcaire compacte gris ou blanchâtre des sommets de ces montagnes étendues. Dans la montagne de Dobrobouk-Planina, à l'O.-S.-O. de Roujai, existent aussi des agglomérats quarzeux accompagnés de brèche calcaire et de calcaire compacte à silex, et le bas de la montagne offre des alternats de grès gris, jaunes et rougeâtres.

Une fois qu'on a admis ces dernières roches arénacées et schisteuses comme des dépendances du système crayeux, on est amené à y joindre les schistes gris, jaunes et quelquefois rougeâtres qui forment les hauteurs entre Rakovitza et Bousovatz, et remplissent une grande portion de la grande cavité entre Serajevo et Travnik. Ces roches ressemblent minéralogiquement à des schistes argileux voisins de dépôts ferrifères, et pourraient passer, aux yeux de bien des géologues, pour des schistes primaires (intermédiaires). Nous ne voyons pas comment on peut les séparer, soit des grès rougeâtres, au N.-O. de Serajevo, soit des alternats de grès, d'argile calcarifère schisteuse et de calcaire compacte qui forment le pays entre le Doliane et Tarschin.

De plus, ces dernières roches paraissent inséparables des Corgneules du col entre Bradina et Cognitza, des calcaires compactes et des dolomies de Cognitza, du Vranatz, etc., de manière qu'on arrive par la simple induction des superpositions géologiques à une conclusion qui est appuyée ailleurs par les fossiles, et qui est déjà adoptée pour la Dalmatie et d'autres contrées méditerranéennes. C'est donc le moment de dire que le sol crétacé à type alpin comprend, en Turquie comme dans les Alpes, d'énormes masses de *dolomie* et de calcaire fendillé en partie un peu magnésifère. Cette dernière roche y paraît, comme dans le Tyrol méridional, remplir l'espace intermédiaire entre le calcaire compacte et la dolomie ou se trouver dans des lieux où la formation de cette dernière roche n'a pas été complète. La Corgneule et les amas de gypse sont par contre un accident plutôt rare en Turquie.

Les dolomies et les calcaires magnésifères crétacés constituent une série de pics et de sommets qui s'etendent depuis le Radouscha et le Vranatz jusque sur le Drin, en Albanie, en formant les montagnes au S.-E. et S. de Cognitza, le Prestavatzka-Planina, la Soutschesa-Planina, le Volojak, le Dormitor, le Javor, le Kom, le Koutschi-Kom, les grandes montagnes de Prokletia, de Schalia et d'autres cimes se prolongeant de là vers Detschiani. Nous avons aussi vu des calcaires bréchiformes gris sur le revers septentrional du Glieb. En-deçà du Drin, il n'y a plus guère de dolomie crétacée bien caractérisée, quoiqu'il y ait encore çà et là des calcaires plus ou moins fendillés et caverneux. Ces roches se trouvent dans la chaîne calcaire au

N. et à l'O. du Schar, ainsi qu'à l'E. du lac d'Ochrida. Derrière Prisren, il y a surtout de grandes masses de calcaire dolomitique blanc. Les passages des montagnes du Prokletia, du Tschemernopolie, du Soutschesa-Planina et du Porim présentent les superpositions les plus évidentes des dolomies et des calcaires fendillés sur les calcaires a Hippurites, et même certaines roches magnésifères empâtent de ces fossiles.

Un grand dépôt de gypse selenite accompagné d'argile calcarifère grise se trouve à Isaischitza, à 1 l. au S. de Dibre-Sibre, au milieu des mêmes calcaires crétacés. Il donne lieu à une exploitation unique en Turquie.

Si la Turquie occidentale contient donc incontestablement la preuve que le sol crétacé comprend beaucoup de dolomies, elle offre encore le fait important que ces dernières roches y forment la plus haute chaîne crayeuse de la Turquie, qu'elles n'y sont recouvertes par aucun autre dépôt, et qu'elles paraissent contenir des masses, quoiqu'en apparence petites, de roches dioritiques ou feldspathiques verdâtres. Ce serait donc presque ce qui a lieu dans le Tyrol méridional. De plus, à côté de ces masses énormes et inclinées assez fortement ou non stratifiées, on remarque en partie à la place des grès et des schistes gris ordinaires, des roches rouges, des agglomérats grossiers de la même couleur, des schistes verdâtres ou rougeâtres. Puis outre cette teinte différente, ces roches ont cet aspect satiné qui caractérise celles de Matt près de Glaris. Tel est du moins ce qu'on peut bien observer dans la crête entre la Soutschesa et la Drina, entre Cognitza et Tarschin. Nous ne voyons pas comment on pourrait séparer notre terrain crétacé magnésien de ces roches anomales, alternant avec des couches de calcaire gris et rouge ou blanc.

Il est possible que les géologues de l'ancienne école nous suivent jusque là, quoique avec répugnance ; mais nous ne pouvons plus absolument compter sur leur assentiment quand nous leur dirons que ces roches rouges, ces schistes satinés, pailletés, conduisent à des roches quasi talco-quarzeuses, comme M. Kovalevski les a vues sur les pentes orientales du Komm, tandis qu'en poursuivant notre haute crête vers le N., nous voyons la vallée de Voinitza, occupée entièrement par des schistes argileux lustrés gris, qui ont l'apparence de vouloir passer au micaschiste, et qui renferment des couches de calcaire compacte gris avec quelques schistes calcarifères. Des roches semblables composent les crêtes entre la vallee de Voinitza et Bousovatz, celles de la montagne de Setz, de Vranitza, et une partie de celle de Radouscha. Nous laissons a d'autres observateurs le soin de vérifier nos doutes à l'égard de leur âge, et a voir si elles ne sont réellement que des produits d'altérations ignées.

Nous avons encore à parler du terrain crétacé du S.-E. de la Bosnie, ou du pays entre Pratza, Fotscha, Ipek, Novibazar et Oujitze. Dans cette partie de la Bosnie le calcaire compacte est rarement coquillier, et quelquefois comme celui à l'O, de Valievo. Dans ce cas se trouvent surtout les roches semblables entre Taschlitza, Preboy et Tschainitza, et entre Souodol et Senitza. Neanmoins au S. de Taschlitza, nous y avons vu des couches pétries d'Hippurites. A Miloschevedo il y a des Térebratules lisses et d'autres fossiles, en particulier des Polypiers, au S. de Souodol, de gros Fucoides, et peut-être aussi des traces de Polypiers et de Rudistes. Le mont Glieb contient des Hippurites, et le mont Peklen, au-dessus d'Ipek, nous a offert des lits remplis de grosses coquilles inéquivalves d'un genre indéterminé, mais figuré par M. Catullo (voyez sa *Zoolog foss.*, pl. 2, fig. Aa). Les calcaires de Glougovik, non loin de Novibazar, empâtent positivement des Hippurites. Comme pour tous les calcaires compactes du système à Nummulites et Hippurites, on peut dire que presque aucun n'est réellement sans fossiles, quoique souvent de grands rochers n'en offrent pas à l'œil la moindre trace; mais la décomposition ou un hasard heureux peut détromper toute de suite une idée préconçue dans un monent où, decouragé de ne rien trouver, on était prêt à déclarer la roche non coquillière.

Au milieu de ces calcaires crétacés se montre une bande de roches schisteuses qui forme en bonne partie la voie de communication entre la Romélie et Serajevo. Ces roches sont sur la pente méridionale du Glieb des grès fins semblables à des grauwackes, des schistes rouges, des schistes à fragments schisteux verts, et des schistes siliceux ou silicifiés. Au milieu de ces roches sont des calcaires compactes gris à petits filons spathiques. Au col du Glieb reparaissent les mêmes schistes rouges et gris. Au N.-O. de Roujai, le col au haut de la vallée de Baktsche est composé de schistes gris et rouges.

Entre Senitza et Hissar, on remarque des schistes qu'on ne saurait appeler autrement que schistes argileux en partie silicifiés. Ils ne font pas plus effervescence que les autres roches anomales citées, et ils alternent avec des schistes siliceux imparfaits, rouges où noirs, ainsi qu'avec d'autres roches schisteuses évidemment arénacées et grises. Des lits de jaspe imparfait s'y montrent aussi çà et là, et des blocs de serpentine indiquent le voisinage de cette roche. Les calcaires crétacés de la vallée de Miloschevedo viennent interrompre ou rétrécir beaucoup ces schistes bizarres, que personne ne serait tenté (nous le pensons du moins) de séparer des calcaires crétacés environnants.

La montagne entre Priepolie et Taschlitza offre de puissantes couches d'un schiste argiloïde, qui se lie aux roches schisteuses et arénacées au S. de Priepolie, comme aussi au calcaire fendillé et compacte du haut de la montagne et des bords du Lim. Or, ce calcaire est inséparable des calcaires à Hippurites de Taschlitza. Entre Minareti-Han et Tschaïnitza paraissent des grès quarzeux jaunes, du schiste rouge et du calcaire compacte demi-cristallin, gris et rouge ou un peu ferrugineux, avec du porphyre amphibolique, ou simplement feldspathique. Vues isolement, on pourrait être tenté de classer ces roches dans le terrain primaire (intermédiaire), quoiqu'elles appartiennent bien au système crétacé, et sont inséparables soit des grès argileux micacés gris de la vallée du Vrt, de ceux entre Tschaïnitza et Fotscha, soit des schistes argiloïdes au N. de Goresda, qui semblent identiques avec ceux du mont Vrenie.

Si de la Bosnie nous passons en Albanie, nous trouvons

tout le pays des Myrdites occupé par d'énormes éruptions serpentineuses au milieu d'un terrain qui n'offre en fait de roches stratifiées que des schistes et des grès endurcis et des jaspes; en un mot, en grand ce qu'on voit en petit en Bosnie, entre Senitza et Tchainitza. Le calcaire en crêtes puissantes y borde ce terrain dans les deux pays.

Dans le bassin d'Ipek et de Prisren, nous trouvons entre Dresnik, Iglareva et Meletjan un dépôt bien marqué de plaquettes de calcaire compacte gris ou blanchâtre, qui renferment des fragments d'Hippurites, des Nummulites et des Polypiers. Ces roches paraissent se lier avec des grès marneux, micacés et des argiles calcarifères schisteuses, qui s'étendent au S. dans les hauteurs de Doulie, à la source du Tzernoleva-Rieka; tandis que plus bas, dans cette vallée, comme vers Lapouschnik, on trouve des schistes argiloides, des agrégats quarzeux, du calcaire demi-cristallin et de la serpentine, roches que nous n'avons que provisoirement rejetées dans le sol primaire (intermédiaire), et qui se rattachent au problème peu éclairci de l'âge réel des masses du Schar.

Dans le bassin de Scutari, on trouve sur le coté oriental du lac vers Gradisca, des montagnes crétacées, dont les roches offrent quelquefois des Nérinées (*N. imbricata* Desh.), et le *Tornatella gigantea* (Murch.) et d'autres fossiles. Il y a aussi des calcaires magnésifères vers Antivari.

Si nous poursuivons plus au S. notre système crétacé, non à Nummulites, nous voyons les calcaires, à l'E. du lac d'Ochrida et de Devol, s'appuyer sur des alternats de grès semblable à de la grauwacke, de schiste noir, d'agglomérat quarzo-talqueux et de calcaire noir-sublamellaire. Ces roches sont bien exposées dans les montagnes au N. du lac de Castoria. Elles y paraissent juxta-apposées à des protogynes; mais l'isthme où est placé cette ville semble offrir la preuve que ces roches agrégées sont intercalées en stratification conforme dans le calcaire en partie dolomitique, puisque l'extrémité de la Péninsule et le mont Vintzi à l'E. sont calcaires. Or, aucun caractère positif, ni minéralogique, ni géologique, ou paléontologique, ne sépare ces couches de la formation crétacée pour les rejeter dans un terrain plus ancien, tandis qu'elles rappellent, au contraire, les alternats sur le revers méridional du Schirena-Planina, dans la Mœsie supérieure.

Les mêmes roches calcaires s'etendent de là dans les montagnes à l'E. du Sdreotza, de Bogaskoe, de Telka et de Vourschitza. Elles forment les crêtes autour de Schatista, et s'étendent jusque vers Kojani, tandis qu'elles composent aussi le mont Grebena, le Bourenos, les hauteurs entre Tschergiler et Ostrovo, les montagnes de Bania à Telovo, comme celles à l'O, et au N. de Niausta. Enfin on les retrouve sur les frontières de la Thessalie et de la Grèce, ainsi qu'au S. et à l'E. du bassin de Seres, dans les montagnes nues et pointues près d'Orphano et dans le Menikion.

Nous avons observé des Rudistes et des Polypiers au moins entre Tschergiler et Ostrovo, et surtout près de Kœsele, et M. Pouqueville en cite sur la cime du Kopanes (ou Kopaonik), à 2 1/2 l. au S.-O. du mont Zigos, dans le Pinde, et dans cette dernière montagne. Les calcaires compactes, entre Kojani et Castoria, nous ont paru en apparence dépourvus de fossiles, et rentrer dans ces calcaires à terrain plein d'entonnoirs que nous avons indiqué près de Valievo, en Servie. Les calcaires de Schatista sont fort cristallins, et minéralogiquement l'égal de calcaires subordonnés au gneiss, dans l'Olympe. Des dolomies existent dans ces dépôts, dans les monts Kareteria, au S. du lac d'Ostrovo, entre Kœsele et Ostrovo, et probablement çà et là dans la chaîne au N. du cours du Potava et du Telovo. Dans la chaîne du Bourenos, à l'E. de Verria, il y a des marbres rouges semblables à des scaglias ou aux marbres de Dotis, en Hongrie.

Entre Ostrovo et Telovo, on remarque des alternats de calcaire compacte et grenu, gris bleuâtre, avec des argiles calcarifères noirâtres et brunâtres, qui rappellent certaines marnes à Nummulites, et dans la gorge boisée à l'O. du lac de Telovo, il y a des schistes et des calcaires, ainsi que des poudingues calcaires, qui peuvent aussi appartenir au système crétacé.

En Thessalie, les montagnes de Baba et de Smokovo, vers Agrapha, offrent des calcaires compactes blancs et rarement rouges. Dans la vallée du Cachia, il y a de la brèche calcaire à Nummulites à l'E. de Malacassi-Han. Les calcaires blancs et rouges, quelquefois coquilliers de l'Oeta et du Parnasse, ont été cités par plusieurs voyageurs.

Les particularités les plus curieuses de ces dépôts crétacés sont les affleurements de schistes, qui se montrent çà et là dans les vallées et qui peuvent rappeler les roches anomales de la Bosnie. Néanmoins, nous nous contentons de spécifier les faits sans vouloir décider l'âge de ces schistes. Sur le bord méridional du lac d'Ostrovo existent des alternats de schiste argileux et de talcschiste avec des serpentines, ainsi que des schistes effervescents.

Au col entre Telka et Bogaskoe, le calcaire crayeux compacte disparaît tout-à-coup pour être remplacé par une dolomie fine, rougeâtre, associée avec une variété de talcschiste blanchâtre, et un schiste noir qu'on appellerait primaire (intermédiaire) si on ne faisait attention qu'à ses caractères minéralogiques. Néanmoins, on voit à très peu de distance de là, au N.-O., le calcaire compacte gris ordinaire alterner avec du calcaire rouge. Plus au S., les mêmes calcaires sont juxtaposés aux schistes argilo-micacés et silicifiés de Kojani, qui ont des rapports avec ces schistes, signalés au milieu du terrain crétacé du S.-E. de la Bosnie.

Il s'agirait de décider si ces affleurements de roches à apparence demi-cristalline, ne sont que des pointes d'un terrain schisteux cristallin, qui lierait l'Olympe aux montagnes de talcschiste de Vlako-Klisoura, ou si on devrait encore classer ces masses parmi les produits d'altération. Nous laisserons cette question en suspens, tout en reconnaissant que ces roches demi-cristallines n'ont pas des caractères suffisants pour pouvoir les admettre décidément parmi les schistes cristallins. D'une autre part, nous nous voyons obligé de reconnaître qu'il y a ailleurs, en Turquie, des roches schisteuses crétacées qui ont été modifiées et rendues semi-cristallines, tandis que les schistes vraiment cristallisés du Rhodope et d'autres chaînes devraient leur origine à des actions souterraines plus longues, à des modifications plus complètes, et exercées sur des masses qui peut-être étaient, au moins en partie, des sédiments primaires (intermédiaires des auteurs). Les argiles schisteuses sont devenues des ardoises, des talcschistes, des chlorites schisteuses ou des roches siliceuses, les agrégats quarzeux des quarzites, les roches mélangées de quarz et de mica ou de talc des micaschistes, et des gneiss en même temps que les calcaires compactes, seraient passés à l'état de marbre grenu, de cipolin, de calcaire serpentineux et de dolomie.

Quant au Montenegro, M. G. Kovalevski n'y a rien vu que la formation crétacée inférieure, c'est-à-dire surtout des calcaires et des marnes, qui donnent lieu, comme dans l'Herzegovine, à un sol fendillé où l'eau se perd aisément. La Katounska-Naia, qui forme presque la moitié du Montenegro, est pour cela dépourvue de torrents et même de sources, et obligée d'avoir recours à des citernes pour recueillir l'eau pluviale. Une bande arénacée longe la rive orientale de la Moratscha, depuis le couvent de même nom (dans la nahie de ce nom) jusqu'au-delà du Berskout, qui se jette dans la Moratscha sur cette même rive. On y rencontre quelques gîtes peu riches de fer hématite rouge, quelquefois testacé. Entre Lopati et Vassœvitchi, les montagnes escarpées paraissent surtout formées de roches schisteuses argileuses. La chaîne du Dormitor, du Kom et du Koutschki-Kom est un massif calcaire et dolomitique adossé à des schistes qu'on peut appeler chlorito-talqueux, sans qu'ils aient jamais les caractères cristallins des véritables chlorites ou talcschistes. Ces roches forment le côté oriental du Kom, les bords de la Verouscha et les environs de Koloschin. D'après M. Kovalevski, les dolomies semblent, dans le Kom, sortir des schistes talcoïdes; la présence de serpentine (?), et peut-être de diorite, nous a été signalée par cet officier dans le voisinage de cette montagne, ce qui n'est que la répétition de ce que nous avons vu nous-mêmes dans le prolongement septentrional de la même chaîne. Les alluvions, sur la Verouscha, sont composées de débris de ces schistes, de quarz et de dolomie, dans une pâte argileuse rouge; mais sur les bords du Berskout on ne voit que des cailloux calcaires.

Le *système nummulitique* des bords de l'Adriatique est bien plus simple que le système de couches à Hippurites. Ses montagnes sont en dos allongé aplati, ou bien çà et là avec des proéminences. Les couches en sont inclinees, et même très fortement renversées, comme par exemple dans la chaîne du Tomor, qui ne doit sa hauteur considerable qu'à cet accident, et forme sur une plus grande échelle le pendant du Rtagn, en Servie.

Le calcaire à Nummulites est compacte ou argileux, blanc ou grisâtre, et quelquefois noirâtre. Il prend, surtout sur le bord de la mer et dans les îles Ioniennes, l'apparence de Scaglia, et contient des silex gris et rouges en plaques et rognons, comme aux Cinq-Puits, à Argyro-Kastron, à Moursina, près de Boutrinto, d'Aulone, etc. Aussi Janina et Aulone sont-ils les endroits qui fournissent surtout à la Turquie les pierres à fusil. Dans certaines contrées placées entre le calcaire à Nummulites et le système à Hippurites, le calcaire est très feuilleté et alterne avec des roches argiloides schisteuses, dont la décomposition, plus prompte que celle du calcaire, donne lieu sur le sol à de singulières lignes d'aspérités rocheuses. Sous ce rapport nous rappellerons le Katounska-Naïa, dans le Montenegro, et les plates-formes herzegoviniennes, au N. de ce pays.

Ces roches alternent avec des masses plus ou moins arénacées, composées de grès calcarifère gris, d'argile schisteuse, de marne schisteuse et d'agglomérat calcaire à Nummulites. Des petits filons de chaux carbonatée traversent souvent les marnes, et on y remarque çà et là quelques rognons pyriteux à Kardiki et dans la vallée de Konitza. Dans le mont Lazaris, lié à celui de Hymmadi (à l'E. de Konitza), il y a des cristaux transparents de quarz dans les marnes, comme dans le S.-E. de la Transylvanie. D'après M. Pouqueville, il y aurait aussi des marnes crétacées entre Pheniki et Philates, et des schistes alunifères dans ces montagnes, aux sources de Longovista. Il cite aussi des lits de charbon fossile sur les bords du Mavro-Potamos, à l'O. de Souli, ainsi qu'au port d'Onchesme et près de Saint-Basile, non loin de l'Acrocéraune.

Ces assises forment le sol de la plupart des vallées longitudinales qui séparent les chaînes de l'Epire, telles que celles entre Boutrinto et Delvino, celles de l'Argyro-Potamo (1), de Soudena-Apano, de Konitza, du Loum, des affluents supérieurs de l'Arta, du Lorou, etc. Il y en a aussi au S. du lac de Djerovina, au N.-O. de Janina, et dans le Makronoros, sur la frontière de l'Acarnanie. Après avoir contribué à former le fond d'une portion du golfe d'Arta, ils paraissent se prolonger de là au S.-E. par les cavités, qui renferment les lacs d'Ambrakia, d'Ozeros, d'Angelo-Kastron et de Vrachori, et se revoient, d'après M. Urquhart, dans le vallon de Kavouro-Limne, au N. et à l'O. de Lépante. Ils séparent les calcaires du Tomor de ceux de Skrapari et de Klisoura, comme ceux du Gabar-Balkan d'avec ceux de Petrella et d'Itschim. Sous ce dernier ancien château M. le knes Vasoevich nous a dit avoir remarqué des grosses Huîtres, d'autres coquillages, et des empreintes de poissons. Les roches de cette colline nous ont paru de loin argilo-marneuses blanches; mais nous laissons à de futurs observateurs à décider si ce ne sont pas plutôt des couches tertiaires.

Les seuls dépôts étrangers subordonnés au terrain nummulitique sont des amas de *poix minérale*. Ce minéral occupe à Selenitza (à l'E. d'Avlone et sur la Soutschitza) une étendue d'environ 1 1/4 l. de circonférence, dans l'angle formé par le Vojoutza et la Souschitza. Karbonara, où résident les ouvriers mineurs, en a pris son nom, et est le pendant de Vergorâz, dans le cercle de Spalato, en Dalmatie. Le bitume sort de tous côtés du sol, et des couches peu épaisses de calcaire le recouvrent, comme le prouvent les puits d'extraction. Après 10 p.

(1) Voyez *Spirit of the East*, par M. Urquhart, vol. II, p. 156.

on entre dans la poix, qui a plus de 50 p. d'épaisseur. Les ouvriers mineurs ont même dit au docteur Holland qu'elle avait jusqu'à 90 p. Le fait est qu'ils y creusent de tres longues galeries. Cette poix est compacte et ne devient visqueuse que lorsqu'on la chauffe. Des jets de gaz hydrogène carburé sortent çà et là de terre, et sont assez considérables pour s'enflammer et couvrir de grands espaces, ce qui rappelle les feux de Pietra-Mala, en Italie. Il y a aussi une source d'eau d'où s'élèvent des bulles du même gaz, ce qui formait le *nymphœum* de Plutarque (1).

Le bitume etant fort recherché aujourd'hui, les mines de Selenitza doivent exciter l'attention des spéculateurs, par la facilité de léur exploitation et par la quantité de matière bitumineuse qu'on en peut retirer annuellement. Ces mines rappellent donc tout-à-fait l'amas ramifié, de 8 t. d'épaisseur, de Vergoraz, en Dalmatie ; mais elles ont l'avantage sur ces dernières d'être très voisines d'un port de mer, et dans un pays où la main-d'œuvre est à fort bas prix. Les sources de naphte de l'île de Zante sont aussi un accident qui paraît lié à la formation de ce bitume.

Enfin dans les environs d'Aulone et de Delvino il y a des *gypses sélénites* qui sont, comme ceux des îles Ioniennes et de la Sicile, probablement tertiaires, quoiqu'ils puissent encore dépendre en tout ou en partie du système crétacé (2). M. Partsch du moins a cité des gypses dans les grès rouges du système nummulitique de la Dalmatie, entre Knin et Topoglie, à Kninopolie, à Parmiane, à Oustolie, à Gouine, pres de Dernis, et en général sur plusieurs points, entre Knin, Verlika et Sign.

Si notre description de la formation crétacée de la Turquie est diffuse et laisse encore beaucoup de details à désirer, il n'en decoule pas moins le fait que, quelque opinion qu'on embrasse sur les schistes demi-cristallins et cristallins, ces der-

(1) Voyez *Travels in Albania a. Greece*, par H. Holland, vol. II, p. 339.

(2) *Voyez* le *Voyage* de M. Pouqueville, vol. I, p. 332.

niers forment la base sur laquelle on doit supposer que se sont déposés les sédiments crétacés. La Turquie reproduirait donc l'anomalie des Alpes, où on n'a pu reconnaître jusqu'ici en fait de roches jurassiques que des équivalents douteux de lias et des lambeaux peut-être parallèles à quelques assises jurassiques inférieures. Tout le reste du calcaire et du grès des Alpes avec ses divers horizons coquilliers ne serait-il donc réellement que ce qu'on retrouve en Turquie, et M. Keferstein aurait-il eu raison, dès 1824, de rejeter le calcaire secondaire des Alpes dans la craie? Telles sont les conclusions auxquelles il est possible qu'on sera amené un jour. Aujourd'hui, il nous suffit d'assurer que rien jusqu'ici n'annonce en Turquie ni le prétendu lias ni les oolites inférieures des Alpes; mais il en peut être différemment des dépôts de Gosau. Le grès carpathique et viennois, le calcaire des Alpes allemandes, les roches à Nummulites et à Hippurites s'y reproduisent sur une grande échelle. Néanmoins, les dépôts crétacés de la Turquie sont surtout semblables à ceux de la Dalmatie, de la Croatie autrichienne, de la Carniole, de la Carinthie et de la Hongrie, et leur étude semble jeter un nouveau jour sur ceux de ces derniers pays, où nous nous sommes efforcés nous-mêmes, peut-être en vain, de distinguer plusieurs terrains, tandis que nous n'avions affaire qu'au protée de la craie méditerranéenne. Il deviendrait donc encore bien plus difficile de séparer en Carinthie les roches crétacées des îlots de terrain vraiment primaire (intermédiaire), qui y existent et qui contiennent des fossiles du système carbonifère et silurien. Y aurait-il de semblables roches en Bosnie et même en Turquie? nous n'en avons pas le moindre indice, et si le système crétacé ne devait pas comprendre les schistes anomaux de certains districts de la Turquie occidentale, ces roches seraient bien plutôt des pointes de terrain plus ancien que des dépôts siluriens. Entre les schistes cristallins des Alpes centrales de la Carinthie et de la Styrie et les roches semblables de la Macédoine et du Rhodope, la formation crétacée paraît avoir comblé un énorme detroit de mer, qui ne semble guère avoir eu d'îles anciennes.

Si nos rapprochements étaient justes, comparant tout le sol crétacé de la Turquie aux Alpes, on pourrait être tenté de concevoir les rapports de la manière suivante. Le sol des schistes cristallins resterait caché depuis la basse Styrie jusque dans la Servie méridionale. La bande calcaire nummulitique le long de l'Adriatique ne serait que le prolongement de la dernière zone secondaire des Alpes méridionales, tandis que les grès de la Servie centrale reproduiraient la bande du grès viennois le long du pied septentrional des Alpes. Les grandes chaînes calcaires entre ces deux contrées turques représenteraient les deux bandes du calcaire secondaire au S. et au N. des Alpes, et les roches anomales de ces dépôts ne seraient peut-être que le pendant de celles qui se trouvent à la base de ces masses calcaires dans les Alpes, où leur classement est encore fort obscur. D'un autre côté, tout le système crétacé de la Servie et de la Turquie orientale ne serait qu'un prolongement de celui des Carpathes et des montagnes de la Transylvanie, et aurait pour cela non les caractères des dépôts des Alpes, mais ceux de ces dernières chaînes.

### § 5. Sol tertiaire et alluvial.

*Distribution.* — Le sol tertiaire occupe, avec le sol crétacé et les schistes cristallins, presque toute la Turquie; telle, serait minime l'étendue des formations primaires. Le sol tertiaire est divisé en plus de 30 bassins, dont les plus grands sont celui de la Valachie et de la Bulgarie danubienne, et celui de la Thrace. Après cela viennent les bassins du Salambria ou de la Thessalie, celui de la vallée de l'Indge-Karasou, ceux de la Grande Morava, du Koloubara, en Servie, des bords de la Save, en Bosnie, du Vardar supérieur et inferieur, de Seres, en Macédoine, de Scutari et d'Alessio, en Albanie. Dans la Servie méridionale se trouvent ensuite la cavité de Krouschcvatz et le bassin plus élevé de la Raschina, dans la Mœsie, ceux des environs de Nisch, de Leskovatz, de Vrania, de Guilan, de Pristina; en-deçà de la chaîne centrale, ceux de Melenik et de Libanova, celui de Strazin, celui de Kostendil et de Doubnitza, celui de Radomir; dans la partie occidentale de la Macédoine, celui de Perlepe et de Monastir, celui de Kailari; divers petits bassins albanais, à l'embouchure des grandes rivières, sur le bord de l'Adriatique; enfin celui de Narenta, en Herzegovine, et de Glougovik.

### 1. *Bassin du Narenta.*

En Herzegovine, nous n'avons vu sur les bords du Narenta que des dépôts d'alluvion, c'est-à-dire des cailloux et des masses de poudingues, qui bordent cette rivière depuis le pied du mont Porim jusqu'au défilé calcaire de Mostar, et depuis cette ville jusqu'à l'échancrure de montagne par laquelle elle va se réunir au Bouna. Nous avons aussi remarqué de petites masses d'agglomérats calcaires dans la gorge à l'E. du château de Blagai, par où on monte au mont Velesch, et on se rend à Nevesign. Il y en a aussi sur la Bouna, et dans les environs de Nevesign et de Gatzko. Sur le cours inférieur du Narenta, il y a par contre de vastes dépôts d'argile alluviale qui accompagnent cette rivière jusqu'à la mer, et qui renferment des Hélices et d'autres coquillages.

De petites masses de cailloux calcaires cimentés plus ou moins fortement par un suc calcaire existent çà et là dans les montagnes près de Cognitza.

### 2. *Petits bassins d'eau douce sur les plateaux de la Bosnie méridional, non loin de Glougovik et de Dougopolie.*

Au-dessous de Dougopolie, sur la route de Novibazar, on trouve des marnes calcaires blanches horizontales recouvertes de calcaire siliceux et de meulière à tiges et impressions végétales. De semblables couches couvrent les plates-formes déboisées entre Dougopolie et Prekostavlia, sur la route du Senitza. Des roches siliceuses semblables se revoient entre le vallon ou bassin de Glougovik et la descente qui conduit à Novibazar. Il paraît évident que ces dépôts ont été formés par des sources chaudes acidules chargées de silice et de chaux carbonatée, et que plus tard les cavités peu profondes où ils ont été produits ont perdu leurs parois. Dans tous les cas, il est curieux de voir au centre des montagnes crétacées des roches tertiaires d'eau douce, à 2,500 p. à Dougopolie, et à 2,954 p. près de Glougovik. Le voisinage d'éruptions trachytiques, à Dougopolie et peut-être aux sources de la Raschka, donne probablement la clef de cet énigme géologique, l'activité ignée s'étant encore manifestée par les sources thermales long-temps après les éjections de matière ignée. Les torrents d'eau qui sortent encore des rochers voisins ne sont peut-être que les restes de ces sources une fois minérales.

5 *Bassins de la Sana, de l'Ouna en Croatie, de la Save en Bosnie, et de la Koloubara en Servie.*

Ces divers bassins, ainsi que celui de la Grande Morava, n'étaient que des dépendances des golfes de la mer tertiaire qui couvrait le pays bas de Hongrie, la plaine de Vienne et toutes les portions peu élevées de la Styrie, de la Carinthie et de la Carniole, ou les bassins du Mur, de la Drave et de la Save supérieure. Il faut donc s'attendre à y retrouver les mêmes roches, c'est-à-dire à la base du terrain des argiles plus ou moins calcarifères ou des molasses, et supérieurement des alternats de grès ou de sable, et de calcaire coquillier et à polypiers.

Depuis Novi jusqu'à la frontière serbe, la *Bosnie* est bordée, à peu d'exceptions près, par une plaine plus ou moins large et en partie boisée qui se trouve tantôt sur les bords de l'Ouna et de la Save, tantôt seulement sur un des deux. Les parties plates du pays occupent habituellement le plus d'étendue aux bouches des grandes rivières de la Sana, du Verbas, de l'Okrina, du Bosna, du Liboschnitza et de la Drina. En Croatie, le sol tertiaire et alluvial remonte depuis l'Ouna et la Save, contre le groupe des montagnes de Kosaratz, tandis que les argiles alluviales couvrent toute la plaine arrosée par la Sana, au-dessous de Kosaratz et de Priedor, et remontent dans la vallée de la Sana, vers Trnava, et dans celle du Gomoinitza, presque jusqu'à Brounzeny-Maidan. Entre Berbir, Banialouka et le debouché du Verbas existe une grande plaine alluviale triangulaire ; mais à l'E., les collines du Motavitza arrivent jusque sur les bords de la Save, et la plaine se trouve sur la rive septentrionale de la rivière. Le terrain tertiaire ne forme qu'une petite partie de ces hauteurs, et surtout la portion entre la Save et le cours inférieur de l'Okrina. On y remarque principalement des grès et des argiles, et ces collines se rattachent a celles qui forment un amphithéâtre derrière Brod et a l'O. et à l'E. de cette ville.

En-deça de Brod se trouvent aussi, non loin de la Save, les collines tertiaires de Voutschiak, qui sont le commencement de celles qui bordent les montagnes crétacées du N.-E. de la Bosnie, sur une ligne N.-O. — S.-E. Elles forment à leur pied une espece de corniche qui passe par Modrjeh, Doubrava, Mateskovatz et Kostour, et se prolonge de là en Servie, par Leschnitza, en ayant au-devant d'elle, le long de Save, une plaine alluviale surtout considérable entre Bereska-Palanka, Ratscha, Schabatz et Junia.

Ces dernières hauteurs ayant de 600 à 800 p. sont couvertes de chênes ou bien de pâturages et de cultures. Elles ressemblent alors aux parties basses de la plaine suisse. Elles sont composées d'argile marneuse et de marne sableuse, recouvertes d'alternats de ces roches avec quelques grès, et surtout avec un certain nombre de couches de calcaire grossier, coquillier ou à polypiers. Les calcaires renferment les mêmes Bucardes, Vénus, Cérithes, Biloculines, Alvéolines (Schepak), que près de Vienne et de Pest.

Le sol tertiaire n'entre donc pas dans les vallées principales de la Bosnie, et ses montagnes n'offrent que des alluvions et des amas de tuf calcaire, déposé par des sources, comme à Tschaïniza, au N.-O. de Travnik, etc. D'épais dépôts de poudingue, surtout calcaire, accompagnent en corniche les bords de la Drina, depuis Fotscha jusqu'au confluent du Soutschesa, du Piva et du Tara, et ils se continuent même le long de cette dernière rivière, de manière qu'on peut présumer qu'il y a eu jadis un lac sur cette partie du cours de la Drina et qu'il avait peut-être sa digue entre Fotscha et Goresda. De semblables agglomérats existent sur la Bosna, sur la Laschva au N.-O. de Travnik et sur le Verbas, entre Bania-Louka et le mont Omatscha. Les défilés par lesquels passent ces rivières en sont seuls exempts.

La plaine est couverte d'alluvions et surtout d'argile limoneuse ou de *Lœss*. Les dépôts de cailloux roulés se voient surtout aux débouchés des grandes rivières, dont la plupart ont laissé près de leur embouchure des traces de changements provenus dans leur lit. Ces cavités, abandonnées par les rivières, donnent lieu çà et là à des marécages. Les bords de la Save offrent assez de troncs d'arbres et de bois à moitié bituminisés que lui apportent les rivières de la Bosnie.

La partie serbe du débouché tertiaire de la Drina est occupée jusqu'à une ligne courbe, tirée de Leschnitza à Schabatz par des alluvions semblables. C'est une portion de la Servie, où on rencontre beaucoup de villages considérables et de belles cultures, mais il y a aussi des marécages étendus qui fournissent la plus grande quantité des sangsues exportées annuellement de la Servie. Il y existe encore des forêts de chênes dont les plus considérables s'appellent Kouschlát et Kitog et sont placées sur la route de Schabatz à Zvornik.

Entre Leschnitza et Schabatz il y a des crêtes qui sont plus élevées que l'arête qui les lie avec les derniers échelons des chaînes primaires au S. de Losnitza et dans le mont Jadar. Ces collines n'approchent qu'à 1 l. environ de Schabatz, et se prolongent de là dans tout le pourtour du vaste *bassin de la Koloubara* avec ses nombreux affluents. Keschelevo, Koulitza, Valievo, Toplitza, Batievatz, Ostrouschnitza paraissent entourés de collines tertiaires. La crête du Kleschtevitza, et celle au S. de Toplitza formaient des promontoires dans ce golfe tertiaire.

Les bords des cours d'eau, les tranchées des routes permettent d'observer çà et là les mêmes couches qu'en Bosnie, mais les inférieures et les molasses y semblent infiniment plus fréquentes que les supérieures. La Save en expose de bonnes coupes entre la Koloubara et Ounka, parce que l'extrémité des collines y a été détruite en partie par la Save, et que les deux ravins de Douboko les traversent du S. au N. Les hauteurs de Keschelevo exposent des marnes et des sables. Près de Belotitch, M. de Herder a vu du calcaire tertiaire à Moules d'eau douce, et du calcaire d'eau douce à Pupes.

### 4. *Bassin de la Grande Morava.*

Le *bassin de la Grande Morava* forme une espèce de golfe triangulaire, dont la pointe serait à la reunion des deux Moravas bulgare et serbe, ou plutôt à l'étranglement de la vallée, au N. de Jagodin, et dont les deux autres angles seraient à Belgrade et à Goloubatz sur le Danube. Ce golfe avait des bords très sinueux ; il remontait à l'O. par la vallée de Lepenitza jusqu'à Kragoujevatz, et s'étendait de là au pied de la chaîne crétacée jusqu'à l'O. de Jabari, de Belosalsi, de Rabotschevo et de Raila. Il baignait le pied de l'Avala, car on remarque des roches tertiaires, depuis le bord du Danube jusqu'à Rakovitza. Le Raila-Rieka, l'Ivantscha, la Kouperschitza (la Kupernika des cartes), la Verbitza, le Milatcvitza, le Mitsatscha, le Jesenitza, le Lipovatz, le Lepenitza et d'autres petits torrents se sont creuse des lits dans cette partie occidentale du bassin. Entre l'Ivantscha et le Lipovatz le pays est presque plat. A l'E. s'avançaient dans notre golfe tertiaire plusieurs promontoires élevés, en particulier le mont Voulkan et le Gorniak. Les vallées du Pek, du Mlava, du Resava, du Ravanitza et du Moutnitschka-Rieka sont en grande partie bordées de collines tertiaires.

Les roches de ce bassin sont encore principalement des argiles marneuses grises ou jaunâtres et des molasses fines, qui, conjointement avec le *Loess* ou l'argile limoneuse alluviale, procurent à une grande partie de la Servie un sol fertile, mais devenant aisément fangeux. L'argile arrête les infiltrations pluviales, de manière que les routes, bonnes lorsqu'il fait sec, deviennent extrêmement boueuses et même impraticables par les temps de pluie et de dégel. Sur ces masses argileuses sont des sables, quelquefois agglutinés en grès ou coquilliers, et alternant avec des argiles schisteuses et des calcaires coquilliers, dont les plus supérieurs sont surtout pétris de Polypiers, comme ceux des bords du bassin hongrois-autrichien et de la Gallicie; les agglomérats et le lignite y sont une rareté. De bonnes coupes sont exposées sur la pente des coteaux autour de Jabari, de Vischnitza sur le Danube, à l'O. de Grotzka et de Semendria, entre Pojarevatz et Goloubatz, dans le Moutnitschka-Rieka, à Belgrade, etc.

Des sables alternant avec des argiles marneuses horizontales forment les collines près de Popovitsch et l'éperon de la Morava au S. de ce village.

Il y a des argiles marneuses qui offrent, comme en Hongrie, un mélange de coquillages marins et d'eau douce ou seulement ces dernières coquilles amenées probablement dans la mer tertiaire par les cours des rivières. Ainsi, sur les bords du Moutnitschka-Rieka, nous avons observé des impressions de plantes en apparence de marécage, avec beaucoup de Cypris, de Congeries (*C. spatulata*; Partsch), de Planorbes, de Lymnées et de Paludines. La ville de Kragoujevatz est entourée au S.-E. par de petites collines qui offrent aussi des argiles calcarifères grisâtres, à Cypris, et des alternats de ces roches avec des lits d'un calcaire tertiaire pétri du *Congeria triangularis* (Partsch). Un calcaire argileux compacte, quelquefois à Paludines, se revoit sur le côté occidental de la vallée en-deçà de ces collines.

Le long du Danube, entre Grotzka et Semendria, les collines tertiaires du Voloder rongées par le Danube sont composées d'argile calcarifère verdâtre, et de molasse très-argileuse en couches presque horizontales. A 1/2 l. à l'O. de Semendria nous y avons remarqué un lit sableux rempli de deux espèces de Bucardes (*Cardium plicatum*, Ei. de Vienne), de Congeries (*Mytilus rostriformis*, Desh.) (1) et de Planorbes (N. Sp.).

(1) Tous les fossiles cités ont été soumis à M. Deshayes, qui nous a fait l'amitié de les déterminer.

A Melnitza (le Melnieze des cartes), dans la vallée qui descend du mont Voulkan, il y a du calcaire marneux à Planorbes, et un aggloméral à fragments de schiste. Les environs du vallon de Topschider, à l'O. de Belgrade, présentent du calcaire tertiaire blanc rempli de coquilles microscopiques. Ces assises horizontales se voient surtout bien au-dessus de la fontaine de Topschider, et se retrouvent dans la vallée de Mokriloug. A l'entrée du vallon de Topschider le calcaire à Hippurites est recouvert d'aggloméral calcaire à fragments de diorite, roche qui est aussi tertiaire, et à l'O. du vallon des espèces de grès micacés impressionnés ressortent au bord de la Save. Ces indices de charriages fluviatiles devaient conduire à la découverte d'amas de *lignite ;* en effet, M. de Herder en a visité dans les alentours de Semendria, et en a trouvé une couche accompagnée de Planorbes, à Miliva, dans la vallée de Resava.

Des sables avec des calcaires arénacés coquilliers à Cérithes (*C. pictum* Bast.), Bucardes (*Cardium simulans* Partsch, qu'on retrouve à Nexing, en Autriche), Moules, Venus (*Venus gregaria* Partsch), Ovules et coquilles microscopiques se voient dans un vallon, à 6 l. N. de Kragoujevatz, sur les pentes de la vallée de Rabotschevo et du vallon de Raija. Des bivalves et des univalves se trouvent dans les calcaires marno-sableux, à Rakovitza, et sur les deux pentes de la vallée de Jabari. A Schetonia il y a des calcaires à Cérithes, à Bucardes, Venus et Corbules, et on en connaît à Retosafia-Vera, près de Jagodin, de Paratchin, de Grotzka, et de Vischnitza (non loin de Belgrade). A Grotschka nous y avons remarqué des Fissurelles et divers coquillages microscopiques.

Il y a des lits de grès calcaires très grossiers et de poudingues dans des alternats horizontaux de sable jaune et d'argile marneuse, à Rakovitza, près de Belgrade. Près des serpentines ces grès deviennent serpentineux. Cette ville est bâtie sur une colline composée en grande partie de calcaire blanc ou jaunâtre, qui est rempli de débris organisés, tels que des grosses et petites Huîtres, des Peignes, des Lucines, des Clypéastres, des Balanes, des Pyrgomes, des Cellaires, et surtout d'autres Polypiers. Il y en a des coupes au pied de la citadelle, derrière la Douane, et dans les carrières au S. de la ville. Ce calcaire paraît supérieur à la roche, avec les fossiles microscopiques. Près de la source hydrosulfureuse froide de Vischnitza, sur le bord du Danube, le calcaire à Polypiers est couvert d'argile marneuse grise, de calcaire coquillier, et de sable micacé quarzeux. En montant plus haut on voit paraître dans les argiles du calcaire à coquillages bivalves et univalves, et vers la cime de ces coteaux en pente douce il y a encore du calcaire semblable. Des alluvions, et surtout de l'argile limoneuse alluviale, encroûtent le sol tertiaire serbe le long du Danube, et dans les parties surtout basses de la vallée de la Grande Morava et de ses principaux affluents. A l'E. de Jagodin et de Tchoupria ces alluvions forment des espèces de terrasses en gradins, indiquant peut-être un abaissement successif des eaux.

Dans les vallées entre Kragoujevatz et la Morava serbe on retrouve des dépôts tertiaires, dans celle du Levatzka et de son affluent septentrional, et dans celle de Tolievatz et de Padresch. Ce sont dans les premières des argiles marneuses blanches, et des calcaires argileux à apparence de formation d'eau douce et à fragments de schiste micacé et siliceux. Les dernières contiennent du sable et des argiles calcarifères. Il y a aussi des alluvions de roches cristallines sur certaines hauteurs, entre les vallées de Levatzka et de Tolievatz. Des os de mastodontes et d'éléphants ont été trouvés, soit dans la vallée de Kragoujevatz, soit dans celle de la Morava, et les premiers sont conservés dans le konak du prince serbe à Kragoujevatz.

### 5. *Bassins supérieurs des deux Moravas, serbe et bulgare, et de la Nischava.*

La Morava serbe forme en-deçà du défilé de Stalatch le grand bassin de Krouschevatz. La rivière coule au pied des hauteurs qui bordent ce bassin au N., et la plaine est entièrement sur sa rive méridionale. La Raschina, à sa sortie des montagnes, se trouve bordée au S. et au N. par une colline basse tertiaire. Couverte de terre végétale, elle ne laisse apercevoir que des alluvions. Sur les bords du bassin de Krouschevatz on ne voit aussi que des poudingues et du sable, qui ont plutôt l'air d'alluvions que de couches tertiaires; c'est par exemple le cas près de Jasika. Les petites *plaines de Karanovatz* et *de Tschatschak* ne paraissent recéler aussi principalement que des alluvions; néanmoins du bois dicotylédon silicifié, et même des portions de troncs, se trouvent près de Jitscha, derrière Karanovatz.

L'eau de Botouna et la Raschina dans son cours moyen traversent un bassin rempli d'argile marneuse, et de calcaire argileux d'eau douce avec ou sans coquillages. Osretze, Ribaria, Brous, Bobota, Botounie ou Botouna, etc., sont situés dans des vallons de ce dépôt lacustre qui repose sur les montagnes de grès crétacés, près de Botounie. Il y forme des petits coteaux couverts de vignobles dont le sol blanchâtre contraste avec le terrain rougeâtre des roches anciennes. On se croirait dans des collines au N. de la Garonne près d'Agen. Il y a quelques impressions de plantes dans les argiles feuilletées et des Cypris dans les roches plus calcarifères. Les bords de ce bassin ont été détruits au N.-E., et la route de Krouschevatz ne laisse voir que de petites collines ou des plateaux fortement encroûtés d'argile limoneuse alluviale.

Le *bassin de Novibazar* n'est rempli que d'alluvions; il doit avoir été long-temps un lac fermé vers le Doukim-Potok ou plus bas.

Le *bassin de Nisch* n'est séparé actuellement de celui de la Grande-Morava que par l'echancrure basse entre le Jastrebatz et les montagnes à l'O. et au N.-O. de Bania. Cette espèce de cavité est occupée depuis Paratchin jusqu'au-delà d'Aleksinitze par des collines ou bas plateaux tertiaires; mais le fond du défilé, par lequel la Morava bulgare debouche dans le bassin de la Grande-Morava est encore formé par des gneiss et des schistes cristallins. Il est donc évident que, du moins lors du dépôt des masses tertiaires inférieures, il y avait une communication libre entre les deux bassins, et que la formation de l'échancrure mentionnée est antérieure à l'époque tertiaire, quoique celle du défilé actuel puisse lui être postérieure ; c'est un cas tout-à-fait analogue au détroit ancien de mer entre Efferding et Passau, qui s'est rempli de molasse, et où le Danube s'est fait jour par une fente à travers le sol cristallin sur le côté de cette échancrure.

Ces collines de molasse commencent au S. de Paratchin par de petits coteaux couverts en partie de bocages en chênes. Ils s'élèvent fort insensiblement, et produisent un plateau boisé après Schoupeliak et le vallon qui porte ce nom. Rajan est situé dans un vallon tertiaire, qui descend dans la Morava, et laisse apercevoir un peu au N.-O. l'entrée méridionale du défilé de la rivière. Un petit plateau sépare au S. Rajan d'avec la plaine sur la rive orientale de la Morava. Ce plateau est traversé par une vallée courant N.-E.—S.-O., et formé par la réunion de deux vallons, dont l'un vient du N., et l'autre du S., tandis qu'ils se trouvent placés derrière le petit rideau de montagnes calcaires qui sépare de notre plateau la plaine de Bania. Au moyen de l'échancrure produite par cette vallée dans les montagnes, on peut voir depuis la Morava le Rtagn et les montagnes de Bania.

La vallée de la Morava est bordée des deux côtés de coteaux tertiaires ; ce sont des molasses ou des agglomérats à fragments de micaschiste, et ces roches forment tout le pied du Jastrebatz jusqu'au-delà de Prekoplié. Sur la rive orientale, elles donnent lieu aux coteaux qui enclavent la petite vallée d'Aleksinitze, où la molasse incline au S. sous 40°. La pente insensible qui conduit de là dans la plaine de Nisch ne commence qu'à 3 3/4 l. au S. d'Aleksinitze.

Le *bassin de Nisch* est entouré de collines tertiaires, surtout à l'E. et au S., tandis que des alluvions de galets couvertes d'argile limoneuse occupent la plaine et les environs du confluent de la Nischava et de la Morava. Au N. de Nisch, on trouve près de Kamenitza cette argile smectique rouge dont les Turcs taillent leurs pipes, sans être obligés de les endurcir par la cuisson. Au S., les coteaux, couverts de vignobles ou de bocages, nous ont offert des argiles, et surtout beaucoup de sables horizontaux. Cette espèce de promontoire, entre la Nischava et la Morava, a été fortement démantelé. A l'O. nous avons remarqué des molasses, des argiles marneuses et des sables près d'Ortovitsch et de Posetsch. Ces roches montent jusque très près du col calcaire de Groumada, par lequel on se rend dans le bassin du Timok. Nous n'avons pas trouvé de jonction entre les roches tertiaires de ces deux bassins ; néanmoins, s'il paraissait probable qu'à l'époque tertiaire le col de Groumada ait déjà existé, la hauteur du plateau de molasse, entre Rajan et Paratchin, atteignant presque celle du col ; il faudrait en déduire que peut-être la mer tertiaire de Hongrie communiquait par ce point avec celle de la Valachie et de la Bulgarie. Si cela avait été réellement, on ne devrait pas être fort étonné de ne plus trouver de traces de molasse dans les hauteurs autour du col ; car cette absence décide bien moins la question qu'elle n'en rend la solution plus difficile.

La vallée actuelle de la Morava éprouve un petit étranglement dans le court défilé de Kourvigrad ; parce que, au lieu de continuer de tourner, comme jadis, autour d'un petit promontoire de micaschiste, la rivière s'est jetée en travers, probablement par suite de quelque éboulement. En-deçà de la petite butte sur la rive septentrionale, n'est qu'une vaste plaine alluviale.

Depuis ce point, la Morava arrose, jusqu'à 2 ou 3 l. au S. de Leskovatz, une large plaine très fertile, dont le sol est argileux, et recouvre des cailloux et des sables micacés, débris de schistes cristallins. Sur le côté occidental se trouvent surtout quelques lambeaux tertiaires de molasse et de sable, comme à Briànovtzé et à Léskovatz même, dans le vallon du Boutschanska-Rieka. Nous y avons aussi découvert sur la rive opposée de la rivière, dans plusieurs points, et en particulier à 1/2 l. au S. de Kourvi-Han, un peu de calcaire compacte siliceux blanchâtre recouvrant des molasses. Du silex est empâté dans le calcaire, qui ressemble à un calcaire d'eau douce, et le terroir y est rouge. A l'E. de Leskovatz, il y a encore des molasses au pied méridional du Badilschka-Gora, près de Lavoditza ou de la Vlasina. A Argovtzé au S. de Vlasiditza, on exploite comme pierres meulières des poudingues à fragments de micaschiste.

Le bassin fort long de Vrania, depuis Mazouritza inférieur jusqu'au-delà de cette ville, ne nous a offert que des alluvions de roches cristallines, de granite porphyrique et de trachyte. Il est possible cependant qu'elles cachent à la vue quelques argiles marneuses tertiaires, parce qu'on en revoit sur les bords du bassin plus élevé de Guilan. Ainsi, à Ropotov, la colline au N. est composée de marne tertiaire, qui ne paraît être qu'un lambeau d'un dépôt étendu de molasse, formant des pentes douces sur la rive septentrionale du cours tout-à-fait supérieur de la Morava, prenant sa source plus au N.-O., et sur un de ses affluents venant du N.-E.

En descendant des coteaux de Ropotov dans le *bassin* de Guilan, on voit paraître dans de petits ravins des argiles feuilletées, reposant sur du schiste argileux et recouvert d'alluvions, soit sous la forme de poudingues, soit sous celle de petits blocs calcaires et d'une épaisse couche d'argile limoneuse, ou de terre brune et noire. C'est là le sol des beaux potagers et des vergers du Tschiftlik ou de la ferme de l'Ayan de Guilan. En général, les alluvions, dans ces bassins supérieurs, abondent surtout au débouché des vallées principales, comme à l'E. de Vrania, à celui des torrents de Kourbetska-Rieka, du Vrtska-Rieka, etc., et à l'O. à l'entrée des échancrures conduisant à Komanova, Katschanik et Guilan. Elles produisent de très bas plateaux couverts de bocages ou de pâturages secs, et leurs éléments deviennent toujours plus grossiers à mesure qu'on remonte les vallons. De très gros blocs n'atteignent pas la cavité de la Morava.

### 6. *Bassin de Pristina.*

Cette cavité est encore surtout alluviale, quoiqu'on y rencontre sur son bord oriental quelques lambeaux tertiaires de peu d'épaisseur. Ainsi, à Pristina, les schistes argileux sont recouverts çà et là d'alternats d'argile calcarifère jaune, grise ou verdâtre, qui renferment un lit de poudingue à cailloux de quarz et de calcaire, et deux lits de calcaire argileux à aspect d'eau douce. Nous n'avons pas vu dans ce bassin des dépôts marins, et son bord occidental n'offre que des alluvions des montagnes voisines. Dans une cavité sauvage, au S.-O. de Novo-Brdo, et à 2 l. de Guilan, nous avons trouvé une variété de molasse qui semble indiquer dans ces lieux un petit bassin particulier. Il pouvait se lier avec la cavité du Sitnitza par la vallée de Gratschanitza, dont il serait une dépendance élevée.

Le sol de la plaine de Sitnitza est une argile limoneuse, et son extrémité méridionale présente un petit plateau encroûté d'argile et de limon tourbeux, tandis que le petit bassin supérieur de la Lepenatz est rempli de cailloux protoginiques ou talqueux, et de sables provenant surtout du Schar et de ses contre-forts. Ce torrent s'est creusé son lit actuel dans un amas de gros fragments de micaschiste, de quarz, de calcaire et de roches protoginiques. Cette énorme accumulation de débris au-devant du défilé de Katschanik indique clairement que jadis une bien plus grande masse d'eau s'est précipitée vers cette partie de la Macédoine. Une partie de ces alluvions provient peut-être de l'écoulement subit d'un lac d'eau douce occupant le bassin actuel du Lepenatz, événement qu'aurait amené la formation accidentelle et récente de la fente de Katschanik.

### 7. *Bassin d'Ipek et de Djakova en Albanie.*

Ce bassin est bordé au N. par les chaînes calcaires du Peklen et du Glieb; à l'O. par les escarpements calcaires du Kourilo-Planina, et les crêtes schisteuses et crétacées qui le séparent du Mitrovitza et de la plaine de Kosovo; au S. sont la vallée du Drin et les montagnes de diorite, au S.-O. de Djakova; enfin à l'O. sont celles qui lient ces dernières aux dernières pentes de la chaîne calcaire crétacée autour de Detschiani, et qui viennent cesser près Eretsch en espèce de promontoire. Le fond de ce bassin a donc la forme d'une baie ou d'un coin bordé d'énormes escarpements, tandis que des autres côtés les bords de cet ancien lac sont en pentes douces et très bas comparativement aux montagnes calcaires.

A Djakova et au S.-O. les collines laissent voir qu'elles sont composées d'argile marneuse grise-bleuâtre, en couches horizontales, et couverte d'epaisses alluvions des roches quarzeuses et dioritiques, sur lesquelles elle repose. A Drsnik, on revoit le même dépôt appuyé contre des roches crétacées. On y remarque à un certain niveau beaucoup de Congeries (*Mytilus balatonicus* Desh.), avec le *Buccinum baccatum* Bast. *var.*, et une Paludine (*P. Viquesneli* Desh.), dont quelques exemplaires ont la bouche dirigee en sens contraire. Sur le pied des montagnes de calcaire crétacé, au-dessus de Tzrkoles, on trouve sur les schistes des poudingues et des grès recouvrant des argiles marneuses grises, qui alternent avec des lits de calcaire compacte, dont quelques uns sont pétris de Paludines (P. N. Sp.), de Planorbes, de Lymnees et de Physes (1). Le sol de la plaine est argileux sur la rive occidentale du Drin, et sablonneux, couvert de sable rougeâtre ou jaunâtre à cailloux de quarz sur le bord opposé.

Dans la partie méridionale de ce bassin ou la cavité du Soua-Rieka, au pied du Schar, il y a, à l'E. du village de Soua-Rieka, des coteaux de marne tertiaire couverte d'alluvions de roches schisteuses, talqueuses et quarzeuses, qui forment le sol de la plaine à l'O. de cette petite hauteur. La cloison entre cette cavité et celle du Drin est aussi tertiaire. D'après leurs fossiles, ces deux bassins, réunis maintenant par une espèce de large détroit, paraissent avoir été remplis d'une eau très peu saumâtre.

### 8. *Bassins albanais.*

Le long de la mer Adriatique, l'Albanie maritime offre à

(1) Un fragment de ce calcaire fut trouvé par nous sur le haut des montagnes de Kolaschin, ce qui aurait aisément induit en erreur ceux qui ne connaissent pas l'usage des conducteurs de chevaux d'égaliser leurs charges avec des pierres; par hasard ce bloc avait été rejeté là comme inutile.

l'embouchure des grandes rivières du Bojana, du Drin, du Scoumbi, de l'Ergent, du Vojouza, du Lorou et de l'Arta, de grandes alluvions, quelquefois avec quelques poudingues et quelques grès ou argiles tertiaires. Ainsi au S. de Scutari, vers Bouchera, au S.-E. de la ville et au S. de Skala, le pied des montagnes calcaires ou crétacées est couvert de quelques grès et d'agrégats composés de quarz, de schiste, de diorite et de jaspe. D'enormes masses d'agglomérats forment même des monticules, comme au N.-O. de Gradisca, s'étendent du pied des montagnes, à l'E. du lac de Scutari, vers Hoti, et bordent la vaste vallée de la Moratscha, jusqu'au-delà de Podgoritza et de Spouge. Il y en a aussi çà et là entre Scutari et Antivari. Ces dépôts paraîtraient être plutôt de l'époque alluviale ancienne, que tertiaires. Ils dénoteraient la hauteur qu'a eue une fois l'eau du lac de Labeatis. Quelques brèches argilo-calcaires, ou tufs calcaires, existent en outre dans les vallées des montagnes calcaires de l'Albanie, comme dans celles de Bosnie.

Quant aux roches tertiaires, elles se trouvent surtout dans la vallée de l'Hismo, où elles forment des collines en partie boisées, au pied des montagnes du pays des Myrdites, entre Koulahan et Loushan, et viennent border la plaine au pied de l'escarpement de Croja. Ce sont des argiles marno-sableuses et des grès, avec des lits argileux, quelquefois remplis de la Melanopside de Dufour. Elles comprennent peut-être les marnes calcaires à Huîtres, coquillages et impressions de poissons, sous Ischim. Du poudingue calcaire alluvial existe à la sortie du torrent d'une caverne, sous l'escarpement qui supporte Croja. Plus haut, dans la vallee, on trouve un rideau de collines tertiaires sur les deux bords de l'Hismo, au N. de Tirana, et il paraît même que les dépôts se prolongent au S. de cette ville. La limite du sol tertiaire et crétacé y est difficile à déterminer, à cause de la quantité de marnes bleues alternant avec les calcaires nummulitiques de ce pays. Sur le haut du revers S. du mont Gabar à 1,600 p. nous avons découvert une couche pétrie de coquillages, qu'on retrouve dans la même association, au-dessus de l'argile bleue de Vienne, en Autriche. Ce sont surtout le *Cerithium pictum*, Bast, deux espèces de Cardium (*C. simulans*, Partsch, et *plicatum E.*), une Mactra, une Vénus, la *Saxicava ochroleuca*, Lam, une Natica, une Dentale (voisin du *D. dentalis*, Broch,), une Néritine (*N. Montalemberti*, Nobis, voisin du *N. Jordani*). Nous pensons que dans ce lieu quelques lambeaux tertiaires auront été soulevés avec le sol crétacé.

Des collines tertiaires de molasse et de marne existent aussi au S. d'Elbassan, en avant des montagnes calcaires de Soulova et du Vryda-Planina, et de semblables hauteurs, encroûtées d'alluvion, paraissent environner le pourtour septentrional de la plaine au N. de Berat. Le Laparda y est encaissé dans une espèce de *Loess* grossier.

Les bords inférieurs du Vojoutza ou *Konitza* présentent des dépôts tertiaires argilo-marneux, accompagnés de gypse-sélénite, comme dans les îles Ioniennes. Ces roches forment les coteaux près d'Aulone, et remontent de là soit le Souschitza, vers Koudesi, soit le Vojoutza, vers Tepedelen, comme l'a décrit M. Pouqueville. Il cite aussi des impressions de poissons et des coquilles fluviatiles (?), sur la droite du Vojoutza, en face de Carbonara. La partie supérieure de la vallée du Konitza, depuis Klisoura jusqu'au-delà de Fourka, est remplie d'énormes dépôts de poudingue d'alluvion, composés surtout de fragments de calcaire et de grès quarzeux. La rivière s'est coupé un lit assez profond à travers ces masses, qui s'élèvent à 50 à 60 p. au-dessus de son lit, et semblent indiquer qu'avant la formation de la fente, entre Klisoura et Tepedelen, cette vallée longitudinale était occupée par un lac d'eau douce, qui remontait assez loin dans les vallons latéraux, en particulier dans celui du Desnitza, où on remarque en conséquence les mêmes agglomérats, jusqu'au-dessus de son confluent avec le torrent descendant de Vinokase.

Dans la vallée de l'*Argyro-Potamos*, le sol fertile paraît en partie alluvial. La plaine triangulaire entre *Lorou*, Chalchico, Bazaro et Arta n'est qu'une grande surface couverte d'alluvions et de marécages. Néanmoins M. Pouqueville indique auprès de Lorou de la terre glaise, peut-être tertiaire. Enfin dans l'Epire (à Zagorie, Janina, etc.) les cavités calcaires sont souvent encroûtées d'un limon alluvial argileux, et coloré en rouge par de l'oxide de fer. On sait que c'est un des caractères généraux des dépôts de katavothrons et des brèches osseuses.

9. *Bassin de Prilip et de Bitoglia.*

Ce grand bassin nous a paru surtout alluvial; son sol est très fertile à cause d'une argile limoneuse ou tourbeuse et des facilités pour l'arrosement. En descendant de Plevat à Prilip, il y a une centaine de pieds sous le col des masses de poudingue calcaire, qui ne sont encore qu'un accident alluvial. Tout le pourtour du bassin est couvert de débris des montagnes voisines charriés par les torrents.

10. *Bassin de Kailari ou Sarigoel.*

Ce bassin est encore en grande portion alluvial, et offre en partie à l'O. un solaride, sableux et de cailloux. Avant la gorge calcaire qui ferme le bassin près de Tschergiler et de Kœsele, il y a sur son côté méridional un petit plateau très bas composé de poudingue calcaire. A l'O. de Kailari, ce bassin remonte vers le pied des montagnes de Klisoura. Cette partie est divisée en deux petites cavités réunies par des étranglements; elles sont remplies d'alluvions talco-quarzeuses, et la seconde cavité est séparée de la plaine de Kailari par un coteau de 150 p., qui est composé de couches de cailloux, de sable et d'argile schisteuse micacée grise. Nous ne savons pas si c'est un dépôt plutôt alluvial que tertiaire.

Les cascades de Telovo et de Vodena sont produites par d'énormes massifs de *travertin* qui barrent la vallée. Cette roche s'y présente sous tous les aspects, comme tuf calcaire, quelquefois pulvérulent, blanchâtre, comme calcaire très poreux à débris de plantes, comme roche percée de trous cylindriques par la disparition des tiges végétales, comme calcaire compacte d'eau douce, et comme faux albâtre, semblable à celui, de Terni en Italie. Comme ces lieux sont voisins de grands dépôts trachytiques, on peut bien attribuer à un dernier effet de l'action volcanique récente, l'émanation énorme d'acide carbonique qui a eu lieu jadis près de Telovo, et qui a rendu possible le dépôt d'une si grande masse de travertin, en imprégnant les eaux de Telovo. La forme singulièrement cratériforme de ce dernier lac vient ajouter quelque poids à cette hypothèse.

### 11. *Bassin du Vardar inférieur.*

La plaine du Bistritza et des alentours du lac de Jenidsche est très argileuse et çà et là marécageuse. L'eau des puits y est saumâtre; et le sol nitreux et en partie stérile. Les alluvions grossières y sont ensevelies sous de l'argile limoneuse. — Entre Salonique et le Vardar, la plaine n'est qu'une plage marino-sableuse, à petites dunes et à plantes salines (*Salicornia*, *Tamarix*, etc.). Les hauteurs d'Allah-Kilissia et de Jenidsche-Vardar, sont composées d'agglomérat calcaire, de travertin et de calcaire compacte d'eau douce, probablement un dépôt de sources dans un bassin dont le bord méridional a été totalement démantelé. Une source d'eau excellente sort encore en abondance au pied des pentes très douces de ces collines au-dessous de l'ancienne Pella.

### 12. *Bassin de l'Indge-Karasou.*

Ce bassin comprend d'abord le pays ondulé ou à plateformes entre Greveno, Servia, Delvendos et Kojani, les bords supérieurs de la rivière et une bonne partie du lit inférieur de ses affluents jusqu'à Anaselitzas, au lac de Castoria et à la vallée de Bilischta. Cette portion supérieure du bassin est comblée surtout de molasse, d'argile marneuse grise ou rouge, et d'alluvions de cailloux ou de poudingues; quelquefois des argiles recouvrent le terrain tertiaire, dont rien dans la formation ne semble annoncer la présence de la mer. De belles coupes de ces couches tertiaires horizontales se voient au S. du pont de Smighi; au confluent du Sdreotza et du Bilischla; dans le lit profond du torrent au S. de Bogaskoë; autour de Vourschitza; d'épaisses masses de poudingues d'alluvion couvrent les grès tertiaires.

La partie inférieure du bassin de l'Indge-Karasou est surtout occupée par des marnes en bonne partie, grises ou blanchâtres qui sont surmontées de calcaires d'eau douce; compacte, et le plus souvent sans coquillages. Ce sont ces derniers qui forment surtout de petits plateaux assez arides entre Kojani, Sarigoel, Delvendos et Servia; tandis que les marnes bordent le large lit plein de cailloux de la rivière, et remontent dans les vallées au S. de cette dernière. Parmi les sillons ainsi remplis, un des plus curieux se trouve sur la route de Servia; au défilé du Saranto-Poros; car les marnes y occupent pour ainsi dire une cavité à part entre le col conduisant au Saranto-Poros et les hauteurs calcaires à travers lesquelles le torrent de Servia a trouvé à se frayer un passage au moyen d'une profonde crevasse. Ces marnes, plus ou moins pures ou sableuses, s'y élèvent à plus de 2,500 p., en formant environ une épaisseur de 1,200 p. Elles sont feuilletées, blanchâtres, et ne nous ont offert que quelques traces végétales. Des ravins ont découpé ces masses d'une manière bizarre.

### 13. *Bassin de la Thessalie.*

Cet énorme bassin n'offre que des agglomérats tertiaires, des molasses, des marnes, des poudingues d'alluvion; des amas de cailloux, d'argile et de tuf calcaire. La plaine, ou son fond, est couvert d'argile alluviale, et les dépôts tertiaires sont surtout sur le pourtour, et en particulier au débouché du Cachia.

Ce sont eux qui forment les masses carrées ou pyramidales isolées et escarpées, sur lesquelles est perchée la collection des couvents des Météores. Ils sont en couches horizontales, formant une épaisseur d'environ 700 p., et présentent dans ces lieux un alternat continu de poudingues et de grès gris jaunâtres. Dans les agglomérats, on remarque une grande variété de roches cristallines, qui semblent être venues aussi bien des montagnes près de Castoria, que de la chaîne schisteuse de l'Olympe et du Pelion. Ainsi on y trouve beaucoup de protogine identique avec celle de Castoria, du gneiss, du schiste micacé et quelques roches siénitiques. La destruction d'une grande partie de ce dépôt dans une ancienne baie, a produit au pied des buttes d'énormes alluvions où on est frappé par la vue de plus gros blocs que l'eau torrentielle n'a pu enlever. A voir ces derniers, on croirait un instant être sur une localité de blocs erratiques, comme l'ont cru aussi certains voyageurs ; mais leur présence est expliquée naturellement par leur gisement tout-à-fait local, et par l'existence de pareils fragments ou cailloux dans les poudingues. De plus, en considérant la petite hauteur qui sépare au N. cet endroit de la vallée de l'Indge-Karasou, le transport des roches de Castoria perd un peu sa singularité.

La molasse continue à border le côté septentrional du bassin du Salambria, derrière Tricala et Rocovo. Elle se retrouve sur le côté occidental de la cavité de Larisse, où elle est recouverte d'un peu de marne calcaire blanchâtre. Elle contribue aussi à former les éminences ou plateaux bas qui séparent le bassin de Larisse de celui s'étendant de Pharsale à Tricala, ainsi qu'à produire ces plates-formes vers Volo et Armyros, et au S. du grand bassin, entre Pharsale et le bas de la vallée du Phanari. Enfin, le lit du Cachia, du Phanari, de l'Émicassos et du Goura sont remplis de grands dépôts de cailloux, quelquefois cimentés en poudingues. D'épaisses couches inclinées de tels agglomérats se voient aux sources abondantes qui sourdent du pied des montagnes calcaires à l'O. de Kasakler et près de Tirnovo.

Comme une dépendance du bassin du Salambria, apparaît à un niveau supérieur le bassin au S. d'Alassona, jadis le fond d'un lac sur le bord duquel il s'est formé des masses d'agglomérat calcaire, comme on le voit sous le col, entre cette plaine et Karadère. Des argiles calcarifères d'eau douce, des alluvions et du *Loess* paraissent former seules les petites éminences dans la vallée parcourue par les torrents venant de l'Olympe, au S. du défilé du Saranta-Poros. Une masse puissante de travertin alluvial compacte borde l'entrée méridionale de ce défilé, et sur sa sortie septentrionale existe un dépôt d'agglomérat calcaire encroûtant le calcaire grenu jusqu'à plus de 100 p. de hauteur au-dessus du vallon. On dirait voir les restes d'une debâcle de quelque lac, qui aurait occupé les vallons voisins, et qui se serait écoulé par le Saranto-Poros.

Les dépôts tertiaires de la Thessalie font présumer qu'il y en a aussi quelque peu dans la cavité de l'Hellada, où, d'après M. Pouqueville, les alluvions du Sperchius ont changé son embouchure et l'ont éloigné des Thermopyles. Comparés à ceux de l'Archipel et de la Morée, on pourrait être tenté de rapprocher les couches des Météores de celles décrites si bien par MM. Boblaye et Virlet, à une certaine hauteur dans les montagnes au S. du golfe de Lépante. Le petit dépôt d'eau douce découvert par M. Virlet dans l'île de Selidromi prend un nouvel intérêt, rapproché du sol tertiaire thessalien, caractérisé presque en entier par l'absence de dépouilles marines.

Lorsqu'on considère le bassin de la Thessalie, on ne peut s'empêcher d'y reconnaître le fond d'une cavité qui a été occupée par les eaux. Lors de l'époque tertiaire, c'était peut-être un vaste golfe dont celui de Volo n'est plus qu'un reste, ou du moins une grande lagune avec le Pélion pour île. Plus tard, la Thessalie a dû être pendant assez long-temps un vaste lac d'eau douce dont le canal d'écoulement était encore dans le golfe de Volo, ou même entre le Pélion et l'Ossa. Le cours du Sataldscha-Potamos, le lac de Karlas et les marais du Jesero, au N.-E. de Larissa, n'en sont que les restes. La formation violente de la fente de Tempé a seule pu produire l'écoulement des eaux de la Thessalie; mais si cet événement est évident, il ne s'ensuit point qu'il se soit passé dans les temps historiques. Toutes les présomptions géologiques sont contre cette hypothèse, et le déluge de Deucalion et de Pyrrhée peut trouver malgré cela une explication facile et plus logique dans un encombrement momentané du canal de la Salambria dans la vallée de Tempé. Cette fente est si étroite, tellement bordée de murailles escarpées et de rochers tombés, que la supposition d'un éboulis assez considérable pour barrer la rivière est tout-à-fait dans l'ordre naturel des choses, un pareil accident pouvant encore se renouveler.

Le déluge d'Ogygès et de Deucalion, dont l'arche se reposa sur le Parnasse, est tout aussi facile à expliquer en supposant que les dégorgeoirs du lac de Topolias-Meri se sont bouchés, et qu'une partie de la vallée du Mavro-Potamos a été mise sous l'eau (1). D'après le système hydrographique de la Grèce, où tant de cours d'eau s'engouffrent dans les rochers, ces événements paraissent avoir été fréquents, rien n'étant plus aisé que le comblement plus ou moins prolongé de ces katavothrons. Ainsi, Pausanias n'attribue pas à une autre cause le déluge de Stymphale, et Dardanus fut obligé de quitter l'Arcadie à cause d'une semblable inondation. Le Carya, l'ancien Aroanius, a submergé Phéneon pour la même cause, et en 1812 le même cataclysme se serait répété sans les soins de Kyamil, bey de Corinthe, qui fit nettoyer le canal d'écoulement (Voyez le *Voyage* de M. Pouqueville, vol. IV). Dans les pays slaves crétacés, on parle aussi çà et là de déluges (*potop*), qui n'ont pas eu d'autres causes.

### 14. *Bassin de Langasa.*

Le *bassin de Langasa* et de son lac n'est qu'une cavité remplie d'alluvions, et surtout d'argile limoneuse très fertile. Le niveau du lac était probablement jadis plus élevé et couvrait toute la plaine.

### 15. *Bassins de Seres et de Drama.*

Ces bassins, séparés par un étranglement, sont encore comblés par des alluvions. L'argile limoneuse y est fort épaisse, très fertile, et çà et là marécageuse. On en extrait beaucoup de

(1) *Voyez* le Mémoire de M. Forkhammer (*Ann. de Phys. de Poggendorf*, 1836), et son *Alt u. neu Griechenland*, 1835.

nitre, et l'eau des puits y est assez souvent saumâtre. A l'entrée du défilé de Skala au N. de Demi-Hissar, il y a des rochers considérables de travertin, qui se présentent sous toutes sortes de formes fantastiques. Dans la gorge même, le gneiss est encore encroûté de tuf calcaire, qui est disposé sur la pente de la montagne en bandes telles qu'on pourrait les comparer à une pâte molle qui se serait figée dans sa descente. Probablement des eaux acidules incrustantes sont descendues une fois de ces hauteurs et ont donné lieu à cet accident.

16. *Bassin du Vardar supérieur ou d'Istib et d'Uskioub.*

Ce bassin est occupé par des plaines et des basses collines. Les premières sont remplies d'alluvions argileuses et sableuses, tandis que les collines sont composées d'argile marneuse, de molasse, de sable quarzeux micacé et de grès. La molasse avec quelques agglomérats forme la masse prédominante. Les argiles marneuses constituent surtout des collines à l'E. de Komanova au pied du Kara-Dagh et sur les côtés du débouché du Lepenatz dans la plaine d'Uskioub.

La vallée de Lepenatz s'élargit un peu à 1 1/2 l. de Katschanik et y est remplie par un lambeau des mêmes roches, alternant avec quelques molasses très fines, et reposant sur du micaschiste. Elles renferment des impressions de feuilles d'arbres dicotylédons et des traces de lignite, et inclinent au N.-E. sous 45°. Ce dépôt est séparé de ceux d'Uskioub par une longue gaîne de 2 à 3 l., sans traces de roches semblables, ce qui, joint à son niveau de 1,081 p., est un fait curieux. Entre Uskioub et Komanova existe un plateau dont le sol, en général aride, ne laisse apercevoir que des argiles marneuses rouges à cailloux de quarz ou de micaschiste. Au pied du mont Kartschiaka, il y a des poudingues calcaires à fragments de schiste et de jaspe, qui inclinent de 20 à 30°.

Les sables et les grès se voient principalement près de Schinie, de Nagoritsch et de Vinitza, et leurs couches sont quelquefois inclinées près de buttes dolériliques. Il y a de ces roches inclinées à l'O. sous 15°, et à l'E. de Vinitza l'inclinaison de certains grès et poudingues calcaires est à l'E. sous 20°.

Elles forment avec la molasse une grande partie du plateau bas, appelé la plaine de Moustapha, mais les collines entre Pepelischta et Istib sont formées par la molasse avec des argiles marneuses rouges, des marnes calcaires plus ou moins endurcies et quelques agglomérats. On n'y remarque point de fossiles, mais entre Gigantitz et Istib la molasse est associée avec des calcaires argileux blanchâtres ou rougeâtres, dont la compacité ou quelquefois la structure pisolitique rappelle certains calcaires d'eau douce sur les bords de la Garonne. A Istib, les couches, en grande partie calcaires, sont inclinées sous 5 à 10°, parce qu'elles recouvrent une surface inégale de roches siénitiques. Les alternats de molasse et de calcaire compacte et de marne rouge se prolongent le long de la vallée du Bregalnitza, à plusieurs lieues au-dessus d'Istib; mais ces couches y ont été fort détruites, et ne sont bien conservées que jusqu'à 1 l. à l'E. de la ville.

Le Vardar est bordé, près de Negotin, de couches horizontales d'argile calcarifère schisteuse gris clair, avec beaucoup d'impressions de plantes en apparence de marécage. Le terrain tertiaire s'étend de là vers Kafadartzi, et y forme à l'O. des basses collines. On y reconnaît encore des couches argileuses de ce calcaire compacte sans fossiles, à aspect d'eau douce. Il passe à l'O. le Vardar-Sarigoul, et forme au-devant des montagnes schisteuses et à l'O. de Vosadge des hauteurs semblables à celles de Kafadartzi.

Au N. de Komanova on exploite pour la bâtisse du calcaire tertiaire d'eau douce à Planorbes, Lymnées et autres coquillages de ce genre. Dans la vallée à l'E. de Schinie il y a du calcaire d'eau douce. Dans la vallée qui conduit d'Uskioub à Kalkandel on observe, à 3 l. de la première ville, une masse de travertin alluvial, près d'une montagne d'une belle dolomie, et associé avec du poudingue calcaire. Près d'Aratschina, à 1 l. à l'E. d'Uskioub, sur la hauteur et près d'une fontaine, il y a aussi des lambeaux de travertin de l'époque alluviale. D'après toutes ces roches d'origine fluviatile, lacustre et de sources, le bassin du Vardar supérieur paraîtrait donc avoir été plutôt couvert d'eau douce que d'eau salée.

17. *Bassin de Kalkandel.*

La cavité tout-à-fait supérieure du Vardar n'est remplie que d'alluvions ; quelques poudingues calcaires se voient sur le pied et sur le col des montagnes calcaires au S., ainsi que dans le Schar. On rencontre aussi quelquefois du tuf calcaire près des mêmes montagnes.

18. *Bassin de Trojak.*

Entre le bassin de Bitoglia et les montagnes primaires à l'O. du Vardar-Sarigoul, est une cavité remplie de molasse et de calcaire compacte d'eau douce. En-deçà du défilé du Varisch-Derbend, dans la chaîne schisteuse, à 1 1/2 l. à l'O. de Vosadge, on entre dans une large vallée de molasse et de poudingue. Des ravins y ont produit des sillons profonds. Plus loin le grès atteint un niveau de 1,400 p., et on le voit recouvert de calcaire compacte ou concrétionné d'eau douce, en apparence sans fossiles. Cette dernière roche continue à occuper tout le fond de la vallée, jusqu'au-delà de Trojak. Elle borde le torrent sous la forme de plateau escarpé des deux côtés, et çà et là à gorges et petites cavernes.

19. *Bassin de Strazin ou Strascha.*

L'Egridere, au sortir de son sillon alluvial de 2 l., entre dans la plaine de Strazin, qui nous a paru être aussi alluviale. Beaucoup de débris quarzeux et micacés couvrent le pied des montagnes de micaschistes, et ailleurs on voit des fragments trachytiques.

En se rendant de là à Karatova par des gorges élevées, on rencontre à 2 l. de Karatova, à environ 2,600 p. sur le talcschiste, des lambeaux d'agglomérats tertiaires, inclinant au S. Ces roches paraissent çà et là sur la pente élevée d'une cime boisée, et dans un point, M. Viquesnel et moi nous y avons remarqué, au milieu des fragments schisteux, des débris d'Huîtres, d'Encrines, des baguettes d'Oursins. Cette localité est à 1/4 l. au N.-O. du Vouk-Han, d'où on descend dans la vallée profonde de Karatova. Or, cette descente montre que nos agglomérats marins reposent sur une épaisseur considérable des couches tertiaires suivantes, savoir : du grès calcaire micacé, de l'agglomérat quarzeux, du grès schisteux micacé, de l'argile micacée; de l'agglomérat quarzeux à fragments de roches feldspathiques. Toutes ces couches sont presque horizontales et reposent sur du schiste talqueux inclinant au N. Le voisinage des éruptions trachytiques nous paraît seul expliquer l'élévation de ce lambeau tertiaire, d'autant plus qu'on observe des altérations dans les schistes sous-jacents. Dans la vallée de Karatova, il n'y a pas la moindre trace de roches tertiaires; tout y est schisteux ou trachytique. Notre hypothèse paraît aussi étayée par les agrégats liés aux trachytes entre l'Egriderê et le bassin du Bistritza, et placés à environ 2,800 p. d'elévation sur les mêmes schistes cristallins qu'au N. de Karatova.

### 20. *Bassin de Kostendil et de Doubnitza.*

Entre ce bassin et l'Égriderê se trouve le petit *bassin du Bistritza*, qui est rempli à l'O. de débris trachytiques, et à l'E. d'alluvions granitiques et siénitiques, roches quelquefois en assez gros blocs le long du torrent.

La *plaine de Kostendil* est encore comblée d'alluvions, et son extrémité occidentale en pente douce est couverte de petits blocs de granite. Les roches tertiaires ne commencent à se montrer que dans les crêtes qui séparent cette plaine de celle de Doubnitza, et qui forment surtout l'éperon entre le Strymon et le Djerina avant leur confluent. Ce sont des poudingues grossiers à débris siénitiques, qui encroûtent des siénites près de Kosnitza, et entre ce lieu et Schetirtza, près du pont en pierre sur le Vardar. La molasse plus ou moins grossière, micacée et schisteuse domine dans les collines indiquées, et y recouvre vers Verbovnitz des proéminences de calcaire crétacé. A l'E. de Kosnitza, et dans le défilé étroit du Strymon à travers ces hauteurs, une molasse assez dure produit des rochers fort schisteux dont les couches inclinent partout au S.-E.

La molasse constitue aussi les sommités surbaissées du mont Koniavo, dont la base est composée du même calcaire secondaire, qui y forme des escarpements tournés vers Kostendil. L'extrémité orientale de cette montagne paraît en bonne partie composée de molasse. A Mlamolovo et Pobovdol elle alterne avec des argiles schisteuses et s'appuie contre du calcaire secondaire à l'O. et à l'E. En montant depuis là la montagne de Koniavo, on remarque dans les roches trois couches épaisses de bois bitumineux. Ce dernier n'est point accompagné d'argile schisteuse, mais est placé simplement entre des masses de grès granitique, détritus des montagnes cristallines au pied du Rhodope. Le bois paraît être dicotylédon et entremêlé de graminées de marécage. Dans la montagne même, il y a des molasses et des argiles marneuses, quelquefois rougeâtres; sur son pied septentrional, un petit torrent met à découvert derrière Jedno de la molasse rouge et des argiles marneuses, contenant du calcaire argileux compacte gris, à coquilles univalves turriculées (Cérithe ?). Ces couches courent du N. au S. et sont presque verticales. Ces dernières roches pourraient bien être encore crétacées. De plus, le col est couvert de petits blocs de quarzite et de granite, et la pente septentrionale est encroûtée par une épaisse masse alluviale granitique et quarzeuse, et ayant des teintes grises, vertes et rouges. Il est remarquable de trouver ainsi à 4 l. du Rilo-Dagh les mêmes alluvions qu'autour de sa base.

D'autres collines tertiaires plus basses séparent la vallée de Doubnitza de la plaine alluviale et fertile qui est entre la crête occidentale du vallon de Maloselo et de Pobovdol et les hauteurs de Verbovnitz. On n'a occasion d'observer près de Doubnitza que des argiles plus ou moins calcarifères grises, qui s'appuient au N. de la ville sur des siénites.

Tout le pied du Rilo-Dagh est encroûté d'alluvions de roches quarzeuses, de gneiss, de granite et d'amphibolite. Ces débris forment une espèce de corniche ou plateau bas qui, à plus de 1/2 l. de largeur, est raviné par des torrents, et s'étend jusque vers Djoumaa, en présentant au Strymon une pente très roide. Quelques lambeaux tertiaires viennent augmenter cette espèce de contre-fort au S.-O. de Doubnitza. De plus, à l'entrée de la vallée de Rilo dans les montagnes, il y a un énorme dépôt de poudingue à ciment calcaire et à débris de roches cristallines et schisteuses ou massives. Cette roche très dure s'élève à plus de 100 p. sur le torrent, sous la forme de rochers bizarrement décomposés. Elle est en couches horizontales, et ressemble minéralogiquement à ces nagelfluhs d'alluvion des Alpes; elle paraît néanmoins faire partie du terrain tertiaire tout-à-fait supérieur, et ne peut être comparée à ces petites masses de brèche calcaire alluviale, au pied de la butte de calcaire crétacé au N.-E. de Verbovnitz.

Les environs de Djoumaa sont couverts d'alluvions, qui forment aussi les petites élévations, bordant le cours tout-à-fait inférieur du Rilo; mais sur la rive occidentale du Strymon, la molasse paraît composer encore quelques collines.

### 21. *Bassin de Sirbin.*

Un défilé de 3 l., dont les basses hauteurs sont couvertes d'alluvions, sépare la plaine fertile de Djoumaa de la petite cavité de Sirbin, où on remarque, outre de grandes alluvions granitiques et des sables en couches inclinées, des grès tertiaires inclinant à l'E. sous 15°, et formant quelques coteaux sur le pied septentrional de la montagne de Kreschna.

### 22. *Bassin de Melenik.*

Ce bassin est oblong et étendu de l'O. à E., entre Melenik et Petrovitsch (s. t. *Petritsch*); il remonte dans la vallée du Stroumnitza jusque vers Derbenhan (l'auberge du défilé), tandis qu'il borde le Strymon surtout à l'E. jusqu'à Marecostino-Han et Libanovo, et se termine à Schenadidere-Han (l'auberge du vallon de Schenadi). Ce dernier vallon est séparé au S. de la plate-forme basse des auberges ruinées par une colline de 200 p. dont la cime n'a que quelques pas de largeur, et dans laquelle on ne voit que des sables et des alluvions anciennes. Des hauteurs semblables bordent à l'E. la plaine qui conduit à Marecostino-Han, et dont le sol, d'abord graveleux, n'est couvert que de broussailles de *Paliurus*. Çà et là on trouve, près des torrents descendant du Perindagh, quelques petits blocs de calcaire grenu ou de granite. A 2 l. avant Libanovo, on traverse un torrent dont la rive méridionale est composée de molasse et d'argile marneuse, tandis que le côté opposé est alluvial.

A 1 l. avant Libanovo, il y a encore des molasses coupées par le Karasou, qui se rapproche de la route. Avant Beyhan, un torrent charrie beaucoup de blocs de granite et de schistes cristallins. Libanovo est dans un fond de molasse et d'argile marneuse en couches horizontales et sur un torrent venant de l'E. La plaine de Marecostino est bordée à l'E. de collines tertiaires, et séparée au S. de celle de Koula et de Vistritza par une basse arête qui permet de bien voir les alternatives tertiaires et horizontales de sable quarzeux, de grès et de poudingue.

Le *bassin de Melenik* et de Petrovitsch est rempli de molasse et d'alluvions. Ces dernières, en partie sous la forme de poudingues, recouvrent la molasse dans de bas coteaux, qui bordent à distance la petite plaine à argile limoneuse des bords du Strymon.

### 23. *Bassin de Radomir.*

Ce bassin serait presque entièrement alluvial sans les roches tertiaires du pied du mont Koniavo, entre Bresnik et Grlo, même sur le col et dans la partie tout-à-fait supérieure de la vallée de Philipovtza, ainsi que dans la vallée de Krasava. La crête en forme de coin entre cette dernière et Grlo nous a offert de bas en haut des alternats de grès et d'argile marneuse endurcie, de calcaire, et d'argile marneuse et du grès coquillier. Le calcaire est compacte, gris brunâtre, à Polypiers, Encrines, Huîtres, Piquants d'oursins, Bivalves et Univalves. Le grès, compacte et quarzeux, renferme aussi des débris organisés, tels que des fragments de Pinnes. Les couches inclinent au N.-E. sous 45°; les roches tertiaires paraissent se prolonger, sous la forme de molasse, d'argile marneuse grise bleuâtre, plus ou moins endurcie, sur la côte septentrionale du petit bassin élevé de Krasava; elles y atteignent presque le point de partage des eaux de ce bassin et de celui du Novoselska-Rieka, entourés de roches crétacées. De même, depuis Grlo, ce dépôt tertiaire entre dans la vallée de Philipovtza et y remplit quelques cavités du calcaire compacte crétacé, sous la forme de molasse dure grise verdâtre, avec des grès et des marnes endurcies.

Un petit dépôt d'agglomérat calcaire, recouvert de travertin, environne le cul-de-sac du bourg de Radomir. Le travertin y est quelquefois très compacte et renferme, outre des restes de végétaux, des Hélices, et des Planorbes. Vu l'isolement de ces roches et l'existence à Radomir d'une source abondante sourdant du calcaire, nous croyons que ce n'est qu'un dépôt de sources. Les montagnes calcaires contiennent probablement des cavernes, et jadis ces eaux acidules et incrustantes sourdaient à un niveau plus élevé qu'à présent. Il y a aussi quelque peu de travertin nodulaire de sources sur le côté occidental du plateau de porphyre pyroxénique, près de Bresnik. Les alluvions du bassin de Radomir sont principalement argileuses, limoneuses ou tourbeuses, et s'étendent depuis les marécages au pied du Koniavo jusque vers Bresnik et Grlo, en y formant le sol noirâtre d'assez bons pâturages.

### 24. *Bassin à l'E. de Doubnitza.*

Cette plaine alluviale au pied du Rilo-Planina paraît offrir au N., sur quelques coteaux, de petits dépôts de travertin. Lorsqu'il est placé sur les siénites, il en empâte des débris.

### 25. *Bassins de Sophie, de Samakov, d'Ichtiman et de Bania.*

Le *bassin de Sophie* est entouré de coteaux en gradins, ce

qui pourrait induire à penser que le lac qui l'occupait ne s'est vidé que graduellement. Nous n'avons pu y voir de roches tertiaires. Son fond est alluvial et surtout limoneux.

Les autres bassins énumérés sont aussi simplement des cavités remplies d'alluvions, mais remarquables par leur entourage de crêtes qui lient les Balkans au Rhodope. De plus, les eaux de chacune d'elles ont un cours séparé, celles de Banja coulant à l'E. dans la Maritza, celles de Samakov formant le grand Isker, et celles d'Ichtiman coulant au N.-E. dans le Vid, au moyen de fentes et de sillons, à la rencontre des rides de l'Hæmus et de la chaîne N.-O. — S.-E. séparant les deux Mœsies. La cavité d'Ichtiman peut donc être regardée maintenant plutôt comme une dépendance supérieure du bassin de la Bulgarie, tandis qu'elle a pu, à une époque, faire partie de celle de Sophie, et du moins ces eaux peuvent avoir eu un tout autre cours.

Autour de Samakov, les sables d'alluvion sont tellement remplis de fer oxidulé en petits cristaux microscopiques que le terrain brille au soleil et que leur lavage alimente de nombreux hauts-fourneaux. C'est probablement un produit de la décomposition de talcschistes et de roches siénitiques. A Bania, il y a des alluvions grossières des roches du Rhodope, et à Ichtiman une belle pelouse verte a remplacé le lac qui a occupé une fois cette cavité. Vu leur élévation, il est bien possible que ces bassins aient déjà été des lacs d'eau douce lors de l'époque tertiaire.

### 26. *Bassin de Scharkoë ou Pirot.*

Entre Nisch et Sophie, le confluent du Soukova et des torrents venant de Tzaribrod et du S. donne lieu à une assez vaste plaine, sur le bord de laquelle nous avons observé au N.-E. de Scharkoe des collines de grès tertiaire avec des lits d'argile marneuse. Leur pied est composé de grès crétacé, et elles séparent, conjointement avec une butte de prophyre pyroxénique, le lit de la Soukova du vallon au N. de Scharkoe.

La plaine triangulaire de Moustapha-Pacha-Palanka n'est

couverte que d'alluvions, dont les parties argileuses supérieures lui donnent une grande fertilité.

27. *Bassin de la Valachie et de la Bulgarie danubienne.*

Cet immense bassin n'est qu'un golfe de l'ancienne mer tertiaire qui couvrait une si grande partie des rivages de la mer Noire, en Russie, en Asie et en Turquie. En *Valachie*, les montagnes de schistes cristallins, principalement à l'O., et celles du système crétacé carpathique, surtout à l'E. et au S. de Kronstadt, offrent à leurs pieds une série continue de collines en gradins et composées de molasse, d'agglomérat, d'argile, de marne et de sables. Elles s'étendent de Tschernetz vers Motrou, derrière Crajova, à Tergoviste, Kimpina, Valeni, etc., couvrent une grande partie de la basse Moldavie, comme à Byrlatou, Tokaleny, Vaflouy, Jassy, et bordent même le Prout. D'après M. Schuler, cette formation repose quelquefois sur le grès crétacé des Carpathes avec ses agglomérats, ses calcaires particuliers à cavernes, tandis qu'elle s'avance plus rarement sur les schistes argileux et talqueux associés aux gneiss, aux micaschistes, aux granites et diorites de la chaîne centrale. D'après M. Huot (1), les molasses inclinent de l'E. à l'O. sous 20 à 30°

On a découvert des lignites dans ces roches. M. de Meyer en a en particulier indiqué près de Tschernetz, non loin de la vieille tour de Severinus et du pont de Trajan. Il y en a aussi près de là, dans une montagne du district de Mechedinzi (arrondissement de Kloschan), à Malovitza (ou Maloritza), à 4 l. du Danube. Ce savant décrit cette montagne comme coupée en deux, sur une hauteur de 245 p., et composée de couches de grès décomposé, de scories, de quarz, de calcaire, et de bois bitumineux. Ce dernier s'offre sous la forme de troncs et de branches, et M. de Meyer croit y avoir reconnu du bois de palmier.

(1) *Voyez* Bull. de la Société géol. de France, vol. X, p. 153.

Cette montagne est le siége d'un pseudovolcan, dont les éructations de fumée bitumineuse et sulfureuse sont accompagnées quelquefois de bruits souterrains et de tremblements de terre. En 1829 il en est résulté même un grand éboulis, qui a enseveli 16 maisons et un petit lac assez profond, qui fut rempli par des sources d'eau imprégnée d'acide carbonique, d'hydrogène sulfuré et de fer. Autour des petits cônes noirâtres sont des fragments de grès fritté et d'argile schisteuse cuite, de bois bitumineux carbonisé, de scories terreuses et de soufre. Les cendres sont çà et là si profondes, qu'on y enfonce jusqu'au genou (1).

Le pied des chaînes valaques et moldaves est célèbre par ses mines inépuisables de sel. On les exploite surtout dans la petite Valachie; à Slatina, à Okna, près de Kimpina, et à Okna, dans le district de Voultscha, dans la grande Valachie. M. Lisel a décrit ces gisements, ainsi que ceux de quelques lignites. Le sel en roche y est dans les argiles et les grès tertiaires moyens (2). Outre le sel, ce sol tertiaire renferme beaucoup de *pétrole*, de l'asphalte, un peu de soufre, et du fer oxidé brun et argileux sont disséminés dans le sol tertiaire. Le pétrole y est même si abondant, qu'on le récolte dans des trous de la terre, comme près d'Okna, et qu'on s'en sert pour graisser les roues dans les principautés et en Transylvanie. L'asphalte se trouve dans le district de Kimpina, etc. Actuellement qu'on recherche les matières bitumineuses, ces gîtes donneront plus de profits à leurs propriétaires.

En considérant les cartes de la Valachie, il saute aux yeux que l'Olt ou l'Aluta a détruit des parties considérables des collines tertiaires, et a donné lieu à une plaine élevée et alluviale entre Flamounda, Pitest et Slatina. La plaine valaque a un sol argileux ou graveleux, suivant les localités et le voisi-

(1) *Uber die Forschritte der Cultur in der Furstenthumern Wallachei u. Moldau.* Bonn, 1855, pag. 14, et la carte géologique de la Valachie, par M. Schüler.

(2) Voyez le *Gornoi-Journal*, 1855, n° 1, p. 125, et n° 2, p. 528.



BIBLIOTHÈQUE ROYALE

nage des montagnes et des cours d'eau. Elle ne paraît offrir que quelques très basses hauteurs de molasse, qui se prolongent, par exemple, de Tergoviste vers Boukarest. Elle est couverte d'alluvions anciennes et de *Loess*, qui existe aussi sur les deux rives du Danube. Tchernetz et Bouzeo sont bâtis sur ce sol alluvial. Comme il n'y a que de mauvaises eaux dans la plaine, les puits artésiens y pourront être très avantageux, et le voisinage des Carpathes en assure la réussite, si du moins on creuse assez profondément, puisque le sol tertiaire y a été si fortement entamé lors des dépôts d'alluvion.

En *Bulgarie*, le Danube n'est pas bordé comme en Valachie de plaines étendues, au contraire les coteaux se prolongent jusqu'au Danube, ou du moins en approchent très près, excepté aux débouchés des grandes rivières, où il y a d'assez vastes plaines alluviales. A l'E. de Silistria, dans le pays des Cosaques-Dobroutscha, ces coteaux s'abaissent à ce qu'il paraît encore un peu plus. Le sol tertiaire bulgare est composé d'argile marneuse grisâtre, de molasse, de sable, de grès, de poudingue, et de grandes masses de calcaire grossier. Ces dernières se trouvent surtout dans la partie orientale de la Bulgarie et le long du Danube, tandis que les molasses abondent dans la portion N.-O. ou dans le Paschalik de Widdin, dans le bassin du Timok et de son affluent le Tzerna-Rieka.

Le sol de ces dernières contrées n'est que le prolongement des dépôts dans les collines valaques, entre Crajova et Tschernetz. Il forme de basses hauteurs derrière Beza-Palanka, Negotin, Widdin, Ergotina, Gourgouschovatz, et sur les bords du Tzerna-Rieka. Il remonte même assez haut sur le Petit-Timok, de manière qu'en y descendant depuis le col de Groumada, à l'E. de Nisch, on trouve très vite des molasses, des argiles, des sables tertiaires, avec des argiles alluviales. Les molasses y sont associées avec des argiles marneuses, dans lesquelles nous avons observé des coquillages calcinés, à Gourgouschovatz, tels que des Vénus, etc. Un peu de sélénite est disséminé quelquefois dans les argiles tertiaires du Timok. Près de ce bourg la molasse est inclinée, et recouvre à l'O. et au S. les pentes des montagnes de calcaire crétacé. Elle monte fort haut, car nous en avons trouvé sur le côté oriental du plateau; entre le Petit-Timok et la descente qui conduit dans la vallée du Grand-Timok. Cette partie du bassin bulgare offre aussi, surtout à un niveau plus bas, des sables et quelques couches de calcaire coquillier, avec des Vénus, des Cérithes, d'autres univalves ou bivalves, ainsi que des microscopiques, comme, par exemple, autour de Negotin, à Bela-Rieka, près d'Ergotina, etc.

Depuis Widdin le sol tertiaire longe les montagnes à plateaux calcaires de Vratarnitza, de Pirsnik, de Berkovdscha; et ses limites méridionales s'étendent de là vers Kamenopol; entre Plevna et Lovdscha, à Nikopi, à Gabova; à Arnautkoi et Basardschik. Au S. de Plevna on trouve des collines composées d'alternats de sable quarzeux, de grès et d'argile marneuse à traces de bois bitumineux et de fossiles. Il paraîtrait même qu'il y a quelquefois un mélange de coquillages tertiaires et d Orbitolites, provenant du terrain crétacé raviné à l'époque de ces dépôts. Autour d'Arnautkoi, et entre ce hameau et Sondschak, il y a une masse épaisse de calcaire grossier compacte ou pisolitique, jaunâtre ou grisâtre. La roche est pétrie de fragments de fossiles, et quelquefois de microscopiques. A l'exception des Lenticulines, les coquillages déterminables y sont rares. Ce calcaire en couches horizontales, et alternant avec quelques calcaires argileux; se prolonge au loin à l'E. et à l'O., et s'étend au N. jusqu'au-delà de Rasgrad, en formant de petits coteaux de 100 à 250 p., couverts de plateaux à pâturages secs. Depuis un de ces derniers, près de Siniouttcha (à 3 l. de Rasgrad), on a une vue étendue sur Routschouk et les bords du Danube. Entre Rasgrad et Tourlak ou Tourlouk, la vallée est bordée de calcaire grossier alternant avec des argiles calcarifères grises. Le *Loess* ou l'argile limoneuse alluviale des bords du Danube remonte dans les vallées vers Plevna, vers Senovtze, Rasgrad, etc.

Nous avons déjà dit que les argiles et les molasses des environs du Varna arrivaient jusque dans la cavité de Schoumla, et qu'on en revoyait un lambeau à Eski-Djoumaa. La contrée tertiaire au N. de Bazardschik et à l'E. de Silistria, a environ la même constitution. Il y a assez de sables et de calcaire tertiaire. Nous ne sachons pas qu'on y retrouve les calcaires tertiaires si coquilliers et si récents des rivages de la Russie méridionale.

Il est évident que le petit groupe de montagnes anciennes, au S. de l'embouchure du Danube, formait un îlot ou seulement un récif sous-marin dans la mer tertiaire. Il est même possible que beaucoup plus tard il y avait un large détroit marin entre ces montagnes et les falaises crétacées de Schoumla. Si on pouvait admettre que le golfe tertiaire de la Valachie et de la Bulgarie a été convertie quelque temps en un lac d'eau douce pendant la période alluviale, on pourrait encore supposer qu'un des canaux d'écoulement de ces eaux était entre Rasova et Kostendsche. Les petits lacs de Karasou existant encore dans cet ancien lit viendraient en apparence à l'appui de cette hypothèse. D'une autre part, le Danube actuel ne paraît jamais s'être déversé par là dans la mer Noire depuis les temps historiques ; si cela avait eu lieu, on y trouverait les traces d'un grand delta et d'un vaste lit, comme celui du Danube actuel, au lieu d'une mer profonde, d'une côte bordée de petites hauteurs et d'un petit cours d'eau avec quelques lacs ou marais. (*Voyez* vol. I, p. 98.)

### 28. *Bassin supérieur de la Tondja.*

La plaine de Tschipka et de Kezanlik est remplie seulement d'argile limoneuse et d'alluvions de roches primaires et de schistes cristallins. De très petits dépôts de tuf calcaire existent sur la pente des montagnes de calcaire primaire au S.-E. C'est une preuve de l'existence d'anciennes sources acidules sur les côtés de cet ancien lac d'eau douce, qui s'est écoulé par le défilé à l'E. de Tzrkva.

### 29. *Bassin de la Thrace.*

Cet immense bassin tertiaire entre le Rhodope, l'Hæmus et

la chaîne côtière de la mer Noire comprend tout le Tekirdagh, les côtés du détroit des Dardanelles, plusieurs débouchés et des parties de vallées sur la côte asiatique de la mer de Marmara, en particulier la plaine de Brousse.

Le *Tekirdagh* est composé de molasse, d'argile marneuse, de grès et de sable, en couches un peu inclinées. Les sables et les grès quarzeux paraissent former les parties tout-à-fait supérieures, comme sur le plateau à 3 l. N.-E. de Migaliaura. Ils y renferment beaucoup de bois siliceux dicotylédons et ressemblant à du bois de conifères, et ils reposent sur des argiles calcarifères grisâtres, à lits remplis d'une Cyrène. (*Cyrena Bouei* Desh.). Autour de Rodosto, on observe partout les argiles marneuses, couvertes de grès micacés jaunâtres ou grisâtres. Le passage des premières aux secondes roches est marqué par des alternatives des deux. Il y a çà et là quelques septaria ou concrétions dans les marnes supérieures, ou bien des rognons de grès. Entre Migaliaura et Keschan, on traverse une vallée, contenant des marnes grises avec des lits de semblable grès, et au-dessus vers Ruzgiar (vent), il y a des sables et des grès. Alischkoi est entouré de grès, et plus au S., surtout entre Bulgarskoi et Keschan, la molasse micacée grise ou jaunâtre alterne avec des argiles marneuses grises, et incline à l'O. sous 15 à 20°. Ces roches produisent de petits coteaux déboisés, fort arides et graveleux. Entre Keschan et Akhorkeui, il n'y a qu'un plateau à sol sableux.

La partie S.-E. la plus élevée du Tekirdagh est aussi composée de molasse; mais dans le bas des Dardanelles il se présente de plus des roches coquillières. Les unes sont, comme on sait, un dépôt alluvial ancien, qui s'étend aussi sur quelques points des rivages de la Troade. Les calcaires coquilliers paraissent être du reste rares dans le Tekirdagh; nous n'en avons vu qu'à 2 l. au N.-E. de Migaliaura. Des Mactres, des Moules ou Congeries et des Cerithes, y sont empâtés. Aux Dardanelles, il y a aussi çà et là de semblables roches.

Ces molasses et ces argiles marneuses s'etendent le long de la mer Marmara jusqu'à Boados et Buyuk-Tschemedsche, en formant un pays de collines basses, entrecoupées de vallons, et un sol souvent stérile. L'horizontalité de ces masses contraste avec l'inclinaison qu'elles ont dans le Tekirdagh; néanmoins au N.-E. de Silivri elles ont une inclinaison très faible au N.-E., et elles sont couvertes de quelques calcaires à polypiers. A Boados, et au S.-O. la molasse est fort grossière, à fragments de schiste siliceux et de quarz, et elle se décompose en boules ou en formes bizarres. Il y a même des lits de véritables agglomérats. Du *Loess* recouvre la molasse entre Koum-Bourgas (le Bourgas du sable) et Bujuk-Tschemedsche.

En-deçà de ce dernier bourg, il y a une belle coupe de terrain tertiaire dans laquelle on voit sur les argiles des alternats de molasse ou de grès et d'argile marneuse. Après avoir traversé un plateau, on descend dans la vallée d'Aramidère, sur les deux pentes de laquelle des couches de calcaire grossier blanc à Vénus, Mactres, etc., se trouvent au milieu de sables, de grès et d'argile marneuse, et paraissent recouvrir ces roches. La descente sur la lagune de Kutschuk-Tschemedsche décèle encore des couches semblables. Les pentes des collines derrière ce village sont toutes blanches, à cause des couches de calcaire tertiaire compacte ou grossier et coquillier.

Depuis là jusqu'aux portes de Constantinople on ne voit autre chose que ces alternats de calcaire plus ou moins tendre ou dur, avec des grès calcaires, des marnes ou des argiles. On y rencontre beaucoup de fragments de polypiers et de coquillages. Les bivalves y paraissent plus abondantes que les univalves. Nous y avons vu des Mactres, des Vénus, des Bucardes. M. de Verneuil y cite une Cyclade, et on y rencontre aussi des Néritines, des Mélanopsides, des Planorbes. C'est en un mot un dépôt analogue à ceux qui forment en Hongrie et en Autriche le terrain tertiaire le plus supérieur, qui offre aussi ces mélanges de fossiles marins et de coquillages d'eau douce charriés par les rivières dans la mer. D'innombrables carrières peu profondes sont ouvertes dans ces calcaires au S.-O. de Constantinople.

Ayant donné une idée de la composition du terrain tertiaire de la Thrace, nous allons détailler la distribution de ces diverses masses. Les molasses et les autres roches arénacées du Tekir-Dagh s'étendent au N. jusques entre Tschorlou et Serai, jusques entre Loule-Bourgas et Bounar-Hissar, et jusqu'au-delà d'Andrinople. Elles bordent aussi en grande partie la vallée fertile de la Maritza, depuis Fered jusqu'à 2 l. S. d'Andrinople. Dans ces derniers lieux, elles forment des collines quelquefois à bocages ou à pâturages secs, ou en cultures, tandis que l'espèce d'échancrure tertiaire entre Andrinople et la mer de Marmara n'est guère occupée que par de bas plateaux cultivés ou arides et sans aucun arbrisseau. On n'y voit de vergers qu'autour de quelques bourgs.

Les molasses le long du Maritza, au N. de Soflou, sont inclinées au S.-O. et à l'O. sous 30°. A Karabounar, il y a des alternats d'argile et de grès. Ces rives du Maritza sont encore intéressantes en ce qu'elles présentent au S. de Souflou, et entre ce village et Karabeili, les roches du Rhodope, savoir le gneiss, en partie porphyrique, avec du calcaire grenu, inclinant au S.-O. Il paraît donc que le sol schisteux cristallin, se prolonge sous le Tekir-Dagh, pour aller joindre l'Ida, et qu'il est là cause de l'exhaussement des roches tertiaires dans cette partie du bassin.

Andrinople est dans une plaine alluviale formée par la réunion des trois rivières de l'Arda, du Maritza et du Tondja; mais au N. il y a une étendue considérable de basses collines d'argile marneuse, de molasse et de sable. La Tondja les traverse, et elles s'étendent depuis les hauteurs entre Kirkkilise et Erekli, au pied S.-O. de la chaîne d'Eski-Sagra. Elles séparent ainsi la plaine d'Andrinople de celle de Jenidsche-Kizilaghad et de Janboli, et de celle qui entoure les petites buttes trachytiques de Karabounar, et entre Janboli et Jeni-Sagra. On retrouve au-devant et à l'E. d'Islivné quelques collines de molasse. Au bas de la gorge qui conduit d'Islivné à Silistria, les alternats de ces roches avec les argiles marneuses inclinent au N., et forment des hauteurs de 150 p. Il y a aussi des molasses granitiques à Miritsch, à 5 l. à l'E. d'Eski-Sagra.

Elles contribuent aussi à diminuer la largeur du canal sur les bords du Maritza qui fait communiquer la plaine alluviale de Philippopoli avec celle d'Andrinople. Ce canal est surtout occupé par une plaine au N. du Maritza, car entre Harmani et Hasskoë, des hauteurs de gneiss et de granite produisent une espèce d'éperon, sur le devant duquel on retrouve aussi çà et là quelques lambeaux d'argile ou de grès tertiaire, de galets d'alluvion et de *Loess*, comme à 5 1/2 l. à l'O. d'Andrinople, à Harmani et à Hasskoë. Les coteaux autour de ce dernier bourg présentent, outre des argiles, des couches de calcaire tertiaire grossier blanc et coquillier.

Le pied de la chaîne côtière de la mer Noire, les bords élevés du bassin de la Thrace offrent, comme le pourtour du bassin de Vienne, d'assez puissantes couches de calcaires à Polypiers, Lenticulines, Peignes, Lucines, Clypéastres et autres coquillages bivalves et univalves. Nous avons suivi ce terrain, depuis les environs de Kirkkilisé par Bounar-Hissar, Visa, Serai jusqu'à Tschataltscha et Constantinople. De bonnes coupes de ces roches se prolongent depuis les rues de Kirkkilisé vers les hauteurs de granite. Elles y sont associées avec des sables et des grès, composés des débris du granite et cimentés par du calcaire. Elles reposent sur des couches presque horizontales d'argile marneuse, dont on fait des tuiles. Nous en avons aussi rencontré dans les collines arides entre Serai et Tschorlou, entre Karlouk et Maikvoda. Le calcaire blanc, en partie nodulaire, y recouvre des alternats de sable et de grès calcaire; ces hauteurs s'élèvent à environ 80 p. au-dessus du fond des vallons.

Le même calcaire se trouve aussi au N. du Tekir-Dagh, à Dimotika, où il forme des buttes et des plateaux bas. On le revoit encore au S.-O. du Tekir-Dagh sur les derniers contreforts du Rhodope, comme autour de Fered. La roche y est arénacée, ou compacte, ou concrétionnée, comme certains travertins; quelquefois elle est poreuse à la manière des calcaires siliceux de Paris. Elle contient beaucoup de fossiles, surtout des bivalves, telles que des Peignes, des Vénus, des Lucines, etc. Les couches en sont horizontales.

De très petits dépôts de *travertin de source* se voient çà et là, comme sur le gneiss près de Karabeili sur la Maritza au S. d'Andrinople, sur le calcaire primaire près d'Eski-Sagra, sur la molasse au S. d'Islivné, etc.

Il y a de plus dans notre bassin, sur le pied des chaînes, et en particulier de celle des côtes de la mer Noire, des collines très basses de 100 à 200 p. de hauteur, composées entièrement de graviers arrachés aux montagnes voisines. Elles ont en général un sol très aride, à cailloux surtout de quarz, et quelquefois couvert de broussailles de chênes ou d'épine-porte-chapeau. Sur les collines des bords du Bosphore les graviers et les petits blocs sont empâtés dans un épais dépôt d'argile ferrugineuse. Des alluvions sableuses ou des cailloux sous une forte couche d'argile limoneuse, forment le sol des plaines d'Andrinople, de Janboli, au-devant d'Eski-Sagra, entre cette ville et Jeni-Sagra, et en général autour des buttes trachytiques dont nous parlerons plus loin. Ce terroir lacustre est quelquefois très noir, çà et là à petites concrétions calcaires; il est couvert de pâturages ou de cultures et quelquefois marécageux. Le *Lœss* n'est bien marqué que le long des grandes rivières. D'après ces caractères et les trois terrasses observées autour de la plaine d'Andrinople, on doit penser que cette cavité, comme les autres citées, ont été occupées par des lacs d'eau douce jusqu'à des époques géologiques très récentes, ou peut-être même en partie historiques. Le bassin de Philippopoli a une semblable surface, mais devient graveleux au pied du Balkan, tandis qu'il est très argileux dans son milieu et favorablement disposé pour les rizières.

A la sortie des Dardanelles, sur les rivages de Tenedos et de la Troade, derrière Abydos dans la baie de Sestos, il y a de ces agrégats coquilliers qu'on connaît sur tout le pourtour de la mer Méditerranée, et qui y indique ou un abaissement des eaux ou un soulèvement des terres. Comme ils ne renferment que des coquillages vivant encore dans la mer voisine, cela ne peut être qu'un dépôt alluvial très moderne. Nous en avons retrouvé des blocs pétris d'huîtres au N.-O. de Rodosto et au

N. d'Erekli (l'ancien Heraclea) sur la mer de Marmara. Ils contrastent par leurs fossiles et leur petite élévation au-dessus des eaux avec les collines tertiaires des mêmes localités.

Il est fort remarquable que, vu la hauteur des plateaux du Tekir-Dagh, les roches tertiaires ne dépassent point Constantinople. Il en existe bien sur la côte asiatique, à l'entrée du Bosphore de Thrace, on y a même exploité des lignites près du fort Kilia; mais dans le canal du Bosphore toute trace de dépôt tertiaire et même de *Lœss* cesse. Les roches trachytiques et siluriennes y paraissent seules à nu, néanmoins elles ne forment que de petites collines dont l'élévation est inférieure au Tekir-Dagh. On peut conclure de ce fait que le canal du Bosphore et celui des Dardanelles n'ont été ouverts qu'à la fin de l'époque alluviale ancienne, et après le dépôt trachytique du Bosphore. De plus la fente, qui a été produite violemment, a été accompagnée peut-être d'un affaissement de tout le terrain, ce qui expliquerait sa petite hauteur sur le Bosphore et l'énorme cavité de la mer de Marmara. En effet, les côtes de cette mer sont toutes coupées à pic, de manière à faire présumer que jadis les couches tertiaires se prolongeaient d'Europe en Asie, et qu'elles ont éprouvé dans la région de cette mer un affaissement considérable.

Lors de l'époque tertiaire, la mer Égée ou Méditerranéenne formait dans la Thrace un vaste golfe dont le débouché était, non pas aux Dardanelles qui n'existaient pas encore, mais à la place occupée par le Tekir-Dagh, entre les montagnes de la Troade et le Rhodope. La mer Noire communiquait alors avec la mer Caspienne, et la mer d'Aral avec cette mer, qui s'étendait d'un côté fort loin en Asie, et de l'autre, à travers la Russie et la Pologne, à la Baltique et à l'Océan par l'Allemagne septentrionale, car les craies des îles actuelles du Danemark n'étaient pas encore démantelées et le Sound n'existait pas. Si la mer Noire communiquait alors avec la mer Égée, au moyen des échancrures basses qu'on observe à présent entre les groupes de sommités de la chaîne côtière, ne devrait-on pas s'étonner de ne pas trouver de traces de dépôts tertiaires dans ces prétendus détroits anciens? Nous croirions bien plutôt qu'il n'y avait pas de communication, et nous nous expliquons la similarité des roches et des fossiles tertiaires de la Thrace avec ce qu'on connaît en Hongrie et en Autriche, plutôt par l'analogie des climats de ces pays à cette époque que par toute autre cause.

Quant à l'idée du général Andréossy de voir dans le Bosphore le contact de deux chaînes, séparées par une vallée d'érosion, aucun géologue de nos jours ne pourrait l'admettre; car ce détroit, au lieu de porter les traces d'un creusement lent, au lieu d'offrir des terrasses d'alluvions, ne présente que des escarpements si frais et se correspondant si bien d'une rive à l'autre, que la supposition d'un fendillement violent explique seule les caractères de ce fameux passage.

### § 6. Dépôts massifs cristallins.

#### 1. *Dépôt de Granite.*

La Turquie d'Europe a été accidentée par presque toutes les espèces de roches plutoniques connues, néanmoins il n'y a point de Basaltes, et le porphyre secondaire quarzifère n'y existe pas ou y est si rare qu'on ne doit pas être étonné de n'y pas trouver de trias et de grès rouge secondaire comme dans l'Europe centrale.

Le *Granite* a eu ses plus grandes éruptions dans le milieu de la Turquie. Dans le Despoto-Dagh, on doit citer surtout le Stanimak-Planina, le Karlova-Planina, le Grand Passage de la Fille, le Perin-Dagh, le Mont-Kreschna, le Rilo-Planina. M. Urquhart en cite près d'Acanthus dans la Chalcide. Nous en avons observé dans la chaîne côtière de la mer Noire, entre Fakhi, Kirkkilisé et Bounarhissar, sur le côté septentrional de la chaîne primaire entre Kezanlik et Eski-Sagra, au-devant du pied du Balkan de Tschipka, dans les contre-forts du Rhodope, entre Harmani et Hasskoë, entre Ichtiman et Bania, entre ce bain et Samakov, entre ce bourg et Doubnitza, à l'O. de Kostendil sur les bords du bassin du Bistritza, dans le Kourbetschka-Planina, dans les gneiss de la partie supérieure du bassin de la Morava, à Naradovschan, et de Ratogosch jusqu'au-delà de Kouschioul, autour d'Istib, entre les plaines de Seres et de Salonique, surtout entre Goumentsche et Schaftscha, dans les montagnes de la partie septentrionale de la plaine de Bitoglia, près de Prilip, etc.; enfin il existe des pegmatites dans les gneiss entre Stoudenitza et Bresnik en Servie, et du granite ordinaire dans le N.-E. de ce pays, à Gorniak et dans les montagnes entre Mosna et Brza-Palanka.

Le granite de la chaîne côtière de la mer Noire commence à se montrer au N. de Fakhi. Il ressort en coupole au milieu des schistes primaires anciens en y étant accompagné de quelques filons dans lesquels le granite devient une eurite porphyrique grise. Il paraîtrait qu'il y a au moins deux coupoles semblables entre lesquelles il y a une masse de schiste. Vers Fakhi et autour de ce village, on ne voit que des diorites qui sont traversées de nombreux filons de roche granitoïde. Il ne s'ensuit pas nécessairement que la formation des dômes de granite soit aussi postérieure à celle des diorites. Du reste, ces accidents rappellent ceux de certaines sommités des Vosges comme ceux du Champ du Feu.

A 2 lieues au S. de Fakhi, on est dans un sol de gneiss traversé de nombreux filons de granite, surtout dans le vallon de Petschiomale et autour du village de ce nom. A 1/2 l. au S., on voit quelques schistes argileux, associés aux mêmes gneiss, très cristallins et percés de granite ou de roches granitoides établissant un passage entre cette dernière roche et la siénite. Depuis là jusque vers les vignobles de Kirkkilisé, le granite devient toujours plus abondant; sur le plateau après Tastape, on remarque dans le gneiss des filons de quarz et de roches granitoïdes ainsi que quelques diorites. En-deçà d'Erekli, il y a un autre plateau semblable où le sol, toujours graveleux, et couvert çà et là de broussailles de Paliurus et de petits chênes, prend un aspect particulier à cause des formes bizarres d'une quantité de rochers ou de blocs granitiques. Il y en a même quelques uns qui sont mobiles, d'autres sont troués; c'est un effet de la décomposition des masses sur place. Ces plates-formes s'élèvent graduellement vers l'E.

Le granite, à 3 l. à l'E. de Kezanlik, est associé au gneiss, dans lequel il s'élève sous la forme de dômes et de filons. Il est placé immédiatement au-dessous du calcaire primaire ancien ou cambrien (?), et il paraîtrait d'après cela que le sol schisteux cristallin du Haut-Balkan se prolonge sous le fond du bassin supérieur du Tondja.

Dans les hauteurs entre Harmani et Hasskoë, le gneiss, quelquefois fort cristallin, est traversé de filons de roches granitoïdes, de pegmatite et de quarz. Il en est à peu près de même entre Ichtiman et Bania; mais entre ce Bain et Samakov, le granite forme sur le haut de ce contre-fort du Rhodope des coupoles dans le gneiss, tandis qu'à l'O. de Samakov il paraît plutôt en gros filons dans la roche feuilletée.

Dans le Despoto-Dagh, ce sont encore des gneiss qui sont percés par les granites. Il y en a de très beaux dans les vallées au S. de Philippopoli, et le gneiss y renferme des amas de pegmatite sous la forme de filons. Néanmoins, le granite n'y constitue, comme dans la vallée de Rilo, que des filons ou des filons-couches dans le gneiss, tandis que dans le Perin-Dagh et le mont Kreschna il s'elève hors de ces roches sous la forme de dômes. Le pied N.-O. du Perin-Dagh paraît ainsi couvert de petites buttes coniques. Dans ce dernier cas, les gneiss ne semblent pas offrir autant de filons et d'amas de pegmatite. Ces roches ont été moins long-temps travaillées par la chaleur et les vapeurs souterraines, et la matière plutonique a trouvé plus de facilité à s'épancher en masse.

Sur la pente septentrionale du mont Kreschna, au-dessus de Sirbin, deux couches de calcaire grenu sont enclavées dans des gneiss à petits filons de pegmatite et à lits d'amphibolite. Ces calcaires sont remplis de pyroxène à leur contact avec ces roches. Dans le bas de la vallée de Rilo, on trouve de beaux exemples de gneiss à petits filons de pegmatite, quelquefois grenatifère, comme près du hameau de Pastra, à 1 3/4 l. à l'E. du village de Rilo. Le couvent de Rilo est dans un vallon étroit et élevé qui n'est composé que de gneiss souvent granitoïde renfermant des amphibolites, ainsi que de très nombreux filons et filons-couches de granite.

A 1/4 l. à l'E. du couvent, ce gneiss contient une couche de calcaire grenu blanchâtre ou grisâtre qui a de 15 à 20 p. de puissance. On peut examiner ces roches dans deux carrières sur la pente de la vallée. La plus basse laisse apercevoir du gneiss à nodules de pegmatite recouvert des roches suivantes, savoir : du calcaire mélangé de quarz, du marbre blanc d'une épaisseur de 10 p., une éponte de calcaire grenu rempli de grammatite rayonnée et de pyroxène verdâtre, une roche amphibolique mélangée de feldspath compacte, renfermant des pyrites, quelque peu de galène et de minerai de cuivre carbonaté vert, un lit mince de grenat rouge brun compacte et cristallisé en dodécaèdre, enfin des gneiss avec de très petits feuillets de cristaux de grenat. Dans une carrière plus élevée, le gneiss supporte les roches suivantes, savoir : une amphibolite ou roche d'actinote fibreuse et rayonnée, un mélange d'amphibole, d'actinote et de grenats, du marbre blanc ayant 10 p. d'épaisseur; du calcaire grenu à grammatite rayonnée, un lit de grenats cristallisés en dodécaèdre de 1 p. d'épaisseur, une roche d'actinote de 1 1/2 p. de puissance, du gneiss très feldspathique avec quelques lamelles d'amphibole et des grenats; enfin du gneiss commun.

A 3/4 l. à l'E. du couvent de Rilo se trouve une plus grande carrière de marbre où le granite vient en contact avec ce dernier, et présente des accidents de contact et de mélange de matières calcaires et granitiques comme on en a décrit dans la vallée de Glentilt, en Écosse, et à Brevig, en Norwége. Ces apparences servent aussi à expliquer la cause de la formation des minéraux cristallins à l'entour des calcaires grenus dont nous venons de parler. Ici le granite est venu lui-même s'insinuer dans le calcaire, tandis que dans les autres cas il n'a pu agir que de loin, et les changements opérés sont aussi en raison des forces qui ont agi et de leur voisinage. Un granite parfait, à feldspath rouge ou blanc, à quarz et mica, s'est venu placer entre le marbre et le gneiss granitoïde, et a même poussé un filon dans le calcaire, qui court en partie seulement parallèlement aux feuillets du gneiss. Ces granites sont séparés toujours du marbre blanc par trois épontes ou zones d'une régularité et d'une puissance plus ou moins grande. La première éponte est un granite très feldspathique avec extrêmement peu de quarz, des cristaux de pyroxène vert, et çà et là des matières ou des druses calcaires. La seconde est un beau mélange de grenat rouge, cramoisi ou jaunâtre, massif ou cristallisé, d'idocrase et d'améthyste bleuâtre ou de quarz hyalin grisâtre. Il y entre aussi quelquefois un peu de pyroxène verdâtre, et des mouches de galène et de cuivre carbonaté vert. La troisième est du calcaire grenu à nodules et veinules du même mélange de quarz, d'idocrase et de grenat, avec des concrétions de grammatite blanche rayonnée. Souvent ce dernier minéral forme la croûte extérieure des agrégats des autres minéraux.

Dans ce lieu on trouve une foule de curieuses associations, telles que du marbre à petits filons de pegmatite, du schiste avec des accidents semblables et des feuillets de grenat, des masses assez considérables de grenat compacte d'une grande beauté, des roches semi-chloritiques et semi-amphiboliques, du granite à épidote, actinote et druses de quarz hyalin, du granite à nodules composés d'un mélange de mica noir et de pyroxène vert ou d'actinote, du calcaire grenu à druses de spath calcaire à côté du granite, du marbre avec des parties feldspathiques roses ou des matières eurítiques siliceuses, etc.

La coupe transversale de cette carrière donne environ de l'O. à l'E. les roches suivantes : du gneiss granitoïde, du granite, du calcaire grenu, du granite, du calcaire ; du grenat en roche avec de la pegmatite, du gneiss à petits filons de pegmatite, des roches chloritiques et amphiboliques ; des roches feuilletées presque simplement des schistes argileux avec des veines de granite, des gneiss à petits filons granitiques, du gneiss granitoïde avec les mêmes accidents. Les broussailles cachent les roches plus loin.

Entre Goumentsche et Schaftscha, en Macédoine, le granite décomposé, et quelquefois réduit en kaolin, forme des dômes dans le gneiss qu'il traverse aussi en filons remplis de pegmatite, de granite sans quarz, ou d'eurite non porphyrique, comme entre Likovan et Lahana. Près Bahala le granite décomposé est en filons-couches dans le gneiss ordinaire. Au N. du bassin de Bitoglia il y a des associations semblables à ces dernières sur une grande échelle, et le gneiss y devient quelquefois très granitoide. Ce cas se présente dans la butte du château du héros serbe Marco-Kraileviteh, à l'O. de Perlepé, et dans les crêtes plus au N., dont elle n'est que l'extrémité. Ces hauteurs sont dénudées de bois, à escarpements et rochers dont les formes sont quelquefois singulières. Cela rappelle en petit le chaos des gorges supérieures du couvent de Rilo et du grand passage de la Fille, dans le Rhodope. Le granite y est très dur, et il y a aussi des gneiss à filons granitoides.

A l'O. de Kostendil, le côté méridional du petit bassin de Bistritza offre des montagnes coniques et séparées par des gorges boisées, tandis qu'au N. est le massif du Kourbetska-Planina avec ses contre-forts. Ces montagnes sont en partie granitiques et en partie siénitiques. Le gneiss à l'entour de ces dômes de granite est percé aussi de filons granitoïdes ou de pegmatite. On en voit plus d'une vingtaine en descendant du bassin du Bistritza dans celui de Kostendil; ils prennent souvent l'aspect de petits filons ou d'amas allongés, et quelques uns peuvent bien n'avoir pas été injectés, mais s'être formés sur place dans le gneiss soumis à des forces ignées et chimiques violentes.

A Istib, les montagnes granitiques supportent dans cette ville des marnes calcaires, de la molasse; elles forment le défilé de la Braonista ou Bregalnitza, et elles dépendent des chaînes de gneiss au N. de Stroumnitza et du Platschkavitza.

Il paraît que les granites des gneiss de Loupkova et de Berszatzka, sur le Danube, se prolongent assez loin sous le sol crétacé, dans le N.-E. de la Servie, car M. de Herder a trouvé du granite près de Gorniak. Les roches semblables près de Plasischevitza et d'Ogradina, dans le Bannat, se retrouvent aussi sur la rive serbe. Celles de Plasischevitza sont suivies au N.-E. de gneiss talqueux, de calcaire grenu, d'euphotide et de serpentine.

### 2. *Dépôt de Protogine.*

Une très belle *Protogine* ou granite talqueux porphyrique forme des montagnes sauvages et couvertes de rochers, à l'E. et au N.-E. du lac de Castoria. Cette roche non stratifiée à feldspath verdâtre est placée entre les gneiss des crêtes de Florina, du Neretschka-Planina et du couvent de Partzelitza et les alternats crétacés au N. du lac, dernières roches composées de schistes arénacés, de grès gris, de calcaires et d'agglomérats talqueux. Dans le défilé au N.-E. du village de Leko le côté méridional est protoginique, tandis que le versant opposé n'offre que des ravins et des éboulis des roches secondaires. Cela paraîtrait une éruption ignée, postérieure au moins au terrain primaire (intermédiaire). Dans le Schar il y a des gneiss talqueux qui approchent assez des protogines, en admettant entre leurs feuillets des cristaux de feldspath rosâtre. Nous en avons vu en montant de Veitza au pic du Kobilitza; il est donc possible que l'intérieur de cette chaîne recèle quelque véritable protogine massive. Si la première de ces roches pouvait être prise toujours pour l'indice de l'autre, on pourrait en soupconner aussi dans le Haut-Balkan; mais les gneiss talqueux se trouvent souvent sans protogine, roche qui est rare comparativement aux granites.

### 3. *Dépôt de Siénite.*

La *Siénite* véritable ne paraît pas fréquente en Turquie. Au N. de Petschiomale, dans la chaîne côtière de la mer Noire, nous avons remarqué des variétés de siénite dans les gneiss et les schistes cristallins. On en trouve au pied du Rhodope, où elle compose trois buttes, à Philoppopoli, l'une dans la ville même, et deux autres dans la plaine à l'O. Il y en a à l'O. de Bania, au milieu des gneiss. Elle forme la crête autour de la partie orientale de la ville de Doubnitza, et se prolonge de là un peu vers le N. On en connaît sur le pied méridional du mont Vitoschka, sur le côté S. du Balkan d'Etropol, à Kosnitza, et au pont en pierre, sur le Strymon, à l'E. de Kostendil. Sur le côté septentrional du Balkan d'Etropol, la siénite forme d'épais filons courant environ N.-O.—S.-E., et coupant des schistes demi cristallins alternant avec des calcaires compactes ou semi-grenus. Dans le bassin du Bistritza, le granite est associé avec des dômes d'une belle siénite, en partie porphyrique, comme dans les Vosges.

Sur la pente orientale du Neretschka-Planina, près de Florina, les schistes talqueux à rognons de quarz et le gneiss sont traversés par un filon distinct de siénite, qui dans un endroit a empâté un morceau angulaire de gneiss de 1 p. d'épaisseur, et l'a changé en une masse siliceuse dure et verdâtre. Le gneiss, à côté de la siénite, est décoloré en jaune verdâtre, et son mica est vert pommé. Des petits cristaux de sphène, ainsi que des nids d'amphibole noire rayonnante, sont disséminés dans la siénite.

Enfin nous avons observé de grandes masses de siénite en Servie, à Tanda, à Koutschaina, sur la pente septentrionale du Kopaonik, dans le Schaschka-Potok, à Kremnitza, à Psolog, et en Bosnie dans la vallée du Vrt entre Tschainitza et Goresda. Elles y sont partout dans des schistes semi-cristallins, au milieu du grand sol crétacé inférieur. Entre Kremnitza et le Joschanitza-Rieka, dans le S.-O. de la Servie, elles sont associées avec du calcaire grenu et un dépôt de fer hydraté. Il en est de même près de Gorniak et de Koutschaina dans le N.-E. du même pays. Dans cette dernière localité, la roche granitoide contient du quarz dodécaèdre et passe au granite. Dans le Schaschka-Potok, non loin de Stoudenitza, la siénite est dans le gneiss et accompagné d'un peu de fer hydraté.

### 4. *Porphyre granitique.*

Le *Porphyre granitique*, ou l'eurite à cristaux plus ou moins volumineux, rosâtres ou blanchâtres, de feldspath ou d'albite; de quarz et de mica, se voit çà et là, en Turquie surtout, en filons dans des schistes talqueux et dans le système arénacé crétacé. Les plus beaux exemples de cette roche existent dans la vallée du Vrtska-Rieka dans la Mœsie supérieure. Le contraste de la direction des filons porphyriques avec celle des schistes y est très évident. De ces lieux, ils paraissent s'étendre au S. dans le Kourbetska-Planina.

A l'E. de Maidan, en Servie, il y a sur la hauteur un dôme de porphyre granitique à cristaux d'albite, qui paraît entouré de grès et de schiste. Ce granite grossier est traversé de filons granitiques d'un grain plus fin. La décomposition attaquant moins aisément ces derniers, ils donnent lieu à des aspérités sur le sol qui ne ressemblent pas mal à des pierres tumulaires telles qu'on les a en Turquie. Ces roches granitiques se revoient dans le vallon du Despotovitza, au dessus de Maidan, et entre elles et les grès fins gris du terrain crétacé, il y a une roche arénacée ferrugineuse, dont le contact immédiat avec la masse ignée reste caché.

Le pied méridional du mont Avala, au S. de Belgrade, a été percé par un filon de porphyre granitique; à côté duquel les schistes de la formation crétacée sont altérés, ferrugineux ou endurcis, et le calcaire compacte a été changé en marbre blanc, ou nuagé de verdâtre et de violâtre. Les schistes courant N.-N.-O.—S.-S.-E., et inclinant au N.-E. de 22°, ont aussi quelquefois ces teintes et ressemblent, lorsqu'ils sont un peu silicifiés, aux argiles schisteuses changées en jaspes par les serpentines des Apennins.

### 5. *Dépôt de Porphyre siénitique.*

Ce genre de roche ignée paraît surtout propre à la Servie et à la Bosnie tout-à-fait orientale. On en connaît dans le N.-E. de la Servie, à Brzesche, à Maidanpek, à Tzernaika, à Roudna-Glava, à Tanda, à Boutsche; à Brestovatz-Bahla, à Klokovitz, près du mont Stol; dans les monts Schtouratz et sur la Jasenitza près de Roudnik; M. Herder en a vu à Tiljou-Paikoul, et entre Bela-Konia et Arnaut-Potok, dans le Schaska-Potok, non loin de Stoudenitza où il y a du fer hydraté ainsi qu'à Laschnojevitch, où il y a un gîte de plomb sulfuré. Dans la partie S.-O. de cette même principauté, il y en a à Pokoudovatz, près de Karanovatz, à la cime du mont Kopaonik, sur le haut et le bas de sa pente occidentale, ainsi qu'à Roudenitza, et sur les rives inférieures du Raschka, dans le paschalik de Novibazar. En Bosnie, les porphyres des districts de Srebernitza et de Tschainitza sont liés probablement à celui du Mont Slatibor dans le district d'Oujitze. En Mœsie supérieure, des roches décomposées paraissent en indiquer peut-être sur le pied du Schirena-Planina entre Trn et Klissoura. En Macédoine, nous croyons devoir placer aussi ici les roches siénitiques métallifères de Karatova.

Le gisement de ces porphyres particuliers est identique avec celui des roches semblables dans le Bannat. Intercalés dans des schistes argileux chlorités, ils y forment des filons et filons-couches courts, ou plutôt ce sont des matières qui ont rempli des fentes, dirigées environ dans le même sens dans chaque pays. Ainsi dans la Servie leur direction est du N.-N.-O. au S.-S.-E., mais ils ont des formes irrégulières. Ce ne sont donc pas des filons droits dans le genre de ceux des basaltes, mais des traînées d'amas. Ces masses ont trouvé souvent moyen de se faire jour dans les endroits où les schistes renfermaient des calcaires compactes; alors la chaleur et les émanations souterraines ont converti ces dernières roches en partie en marbres, et y ont produit des nids de grenat et des minerais cuprifères et ferrifères. Il est aussi arrivé que le porphyre a enveloppé des masses de schiste et de calcaire, et les a modifiées plus ou moins ou encroûtées de grenat et de minerai. Ces contacts rappellent alors les accidents des mines de Framont dans les Vosges.

A Maidanpek, les micaschistes avec des roches voisines du gneiss sont traversés par un grand filon de porphyre siénitique de 1000 t. de longueur sur 100 t. d'épaisseur, et contenant du fer oxidulé et oxidé rouge, du cuivre carbonaté et du cuivre gris argentifère. Il est accompagné de calcaire compacte et grenu, de diorite et d'une brèche particulière composée de débris de schistes micacés. Le Konsko-Brdo, à l'O. de Maidanpek, est une montagne de calcaire compacte. En-deçà des montagnes de Maidanpek, M. de Herder a trouvé à Milanovatz du schiste arénacé. A Tzernaika, le porphyre contient du fer oxidulé et du cuivre carbonaté, et à Tanda, où il a la même position qu'à Maidanpek, il y a de la galène et du cuivre pyriteux. Dans ces deux localités la roche siénitique est en contact avec du calcaire grenu ; à Tanda, elle est associée avec un porphyre vert noirâtre. A Tzernaika, le calcaire est entouré de schiste argileux, et il y a de la siénite, qui a l'air d'être en partie hypersténique. A Roudna-Glava existent entre la roche siénitique et le calcaire deux toises de fer oxidulé accompagné de grenat. A Boutsche on revoit les mêmes masses qu'à Maidanpek. Entre Kremnitza et Joschanitza il y a aussi du calcaire près de la roche amphibolique, d'après M. de Herder. A Deli-Jovan il y a du grenat en roche comme près des dépôts cuprifères, dans le Bannat.

La pente occidentale des *montagnes de Schtouratz* est traversée de porphyre en partie siénitique, en partie très siliceux et métallifère et en partie quarzifère. Le terrain des environs est composé de grès et de schistes du sol crétacé inférieur, et ressemble à celui du terrain aurifère du S.-O. de la Transylvanie. Le filon porphyrique aurait, d'après M. de Herder, 1000 t. de puissance, et contient de la galène argentifère, du fer oxidulé et de la blende. Les minerais s'y trouvent en nids dans de très petits filons de quarz, qui ont quelquefois de 5 à 10 po. de puissance. Il y a en outre du fer sulfuré, de la pyrite magnétique, du cuivre pyriteux et du cuivre carbonaté. On peut observer ce dernier provenant par décomposition de la pyrite cuivreuse. Près des veinules métallifères la roche est rougeâtre ou décolorée, blanchâtre et très siliceuse. Il y a quelque portion de brèche porphyrique sur le côté de l'éponte à minerais, et certaines portions du porphyre sont scoriacées.

En montant des anciennes mines vers les cimes des Schtouratz, on voit affleurer des porphyres gris, décolorés en gris blanc, qui renferment un peu de quarz cristallisé. Après cela vient du porphyre brun, et tout à côté du calcaire compacte à aspect primaire, qui paraît enclavé entre cette roche et le porphyre de la cime du Petit-Schtouratz. Entre ce pic et le Grand-Schtouratz, il y a du calcaire crétacé compacte et des grès gris schisteux. M. de Herder a découvert du malacolithe dans ces porphyres.

Dans le mont Kopaonik, le grès et le schiste sont remplacés, sur le côté oriental de ses sommités, par des schistes argileux luisants, puis on trouve des gneiss quarzeux et des quarzites, et la cime est formée par les bandes suivantes, savoir : du grenat compacte ou cristallisé brunâtre ; des schistes convertis en Hornfels, compacte, violâtre ou verdâtre, du grenat compacte, ou cristallisé en dodécaèdre, mêlé de nids plus ou moins volumineux de fer oxidulé et de cuivre carbonaté, du Hornfels, de la Siénite et du Gneiss quarzeux. Dans les bois de sapins, à l'O. au-dessous du sommet, on voit de plus de grandes masses de superbe siénite porphyrique, qui plus bas se trouve dans un état de décomposition. Les filons siénitiques courent E. et O., tandis que les montagnes et leurs schistes à caractères primaires sont dirigées du N. au S.

En descendant vers Roudnitza, on a encore occasion de revoir des porphyres siénitiques, plus ou moins durs ou tendres. L'Ibar, près de ce village, paraît bordé jusque près du confluent du Raschka, par des grands rochers du même genre; quelquefois la roche a été fort altérée par des vapeurs souterraines, elle s'est silicifiée, elle est devenue poreuse, jaune ou brunâtre, et forme alors des escarpements singuliers, comme on est habitué à en voir dans les districts des mines. Elle paraît aussi être çà et là brécioïde. Les schistes crétacés altérés à leur alentour ont cet aspect terreux, jaune, brun ou violâtre qu'on leur trouve près des mines.

Les environs cratériformes de Karatova sont composés uniquement de porphyre siénitique, décomposé et terreux. On reconnaît à peine l'amphibole à quelques taches bleuâtres foncées dans une masse saponacée, tendre, grise bleuâtre. De belles coupes en sont exposées dans les quatre ravins de la singulière ville de Karatova. En descendant la vallée à l'O., on découvre que ce porphyre paraît avoir des épontes de brèche grise ou violâtre de la même nature. Ce dépôt est juxta-apposé aux talc-schistes, et des fragments de ces roches sont mêlés dans les brèches avec ceux du porphyre. Si au contraire on s'élève au-dessus de la ville, au N. ou au S., on arrive sur des rochers où le porphyre est encore intact, et où il n'a point été altéré et décoloré après coup par des vapeurs souterraines. Les sommités y sont donc composées de beaux porphyres brunâtres, grisâtres, bien caractérisés comme syénitiques par leurs cristaux d'amphibole, qui est remplacé quelquefois par du Pyroxène. Ils se réduisent çà et là en plaquettes ou se décomposent en boules et croûtes.

A 1 1/2 l. au S. de Karatova, sur le plateau de la montagne, sont situées à Boukova, des mines de galène argentifère, qui gît en petits nids et très petits filons, dans une bande de porphyre décoloré en blanc et en partie silicifié. Le minerai est accompagné de chaux carbonatée, massive et cristallisée, d'un peu de fer hydraté et de quarz. La galène est quelquefois cristallisée en cube ou cubo-octaèdre. Cette espèce de filon, dans le sens du mineur, court de l'E. à l'O.

### 6. *Dépôt de porphyre quarzifère.*

Nous ne connaissons jusqu'ici en Turquie qu'un grand amas de ce genre, dans les montagnes du Tschatal-Dagh, sur le pied méridional du Balkan, à Islivné. Ce groupe de sommités déchiquetées et couvertes de rochers nus borde à l'O. la gorge qui conduit, depuis 1 1/2 l. à l'E. d'Islivné, au haut du Balkan. Il se prolonge jusqu'au N. de cette ville et est raviné par plusieurs torrents qui charrient ces débris dans la Tondja. A l'O., le porphyre paraît s'étendre jusque vers les hauteurs du Balkan, que traverse la route d'Islivné à Tirnava. Il faut même qu'il dépasse l'arête-sommet dans quelque point de ce côté, car nous avons trouvé de ces porphyres en cailloux roulés dans le grand Kamtschik, à plus de 10 l. à l'E.

Ce porphyre est toujours plus ou moins quarzifère, blanchâtre, grisâtre, ou violâtre ou noirâtre; sa pâte est plus ou moins compacte ou terreuse. Il est divisé irrégulièrement en gros bancs ou plaques verticales et donne lieu à un véritable chaos de rochers. On ne peut pas déterminer sa position géologique, parce que son pied méridional est couvert d'alluvions ou de molasse, et que des forêts revêtent le Balkan à l'E. et à l'O. S'il ne se trouve pas fort éloigné d'une crête cambrienne, d'un autre côté il est juxta-apposé à des couches du système crétacé inférieur, et sans aucune trace de trias dans le voisinage, de manière qu'on peut être plutôt tenté de le rejeter dans les éruptions de l'âge récent des porphyres siénitiques, que d'en faire un produit plus ancien.

D'ailleurs les districts de porphyres siénitiques présentent aussi des roches assez semblables. Ainsi à Koutschaina, dans le N.-E. de la Servie, il y en a de métallifères à côté de calcaire compacte gris, peut-être crétacé. Une masse semblable décomposée, blanchâtre, à cristaux de mica vert se trouve dans les bois, à Visoka, à 1 l. N.-E. de Ripagn, dans la Servie septentrionale. Tout ce qu'on peut voir, c'est que ce dernier porphyre est au milieu des schistes arénacés du système crétacé, à côté de calcaire schisteux noir à pyrites, et qu'il contient des pyrites et du fer oxidé compacte rouge, et du fer hydraté brun. Ce porphyre n'est pas, à proprement parler, siénitique; mais, comme au Schtouratz et à Voeroespatak, en Transylvanie, ce dernier genre de dépôt est accompagné de porphyre quarzifère, nous le mentionnons ici.

On revoit un cas semblable en Bosnie, où la partie inférieure de la vallée de Vrt offre du porphyre siénitique quarzifère et des siénites, tandis qu'à 1 l. au-dessus de Tschainitza, les schistes rouges et gris, avec du calcaire cristallin blanc, sont coupés par des filons de porphyre simplement feldspathique rouge, verdâtre ou brunâtre. Ces filons courent de l'O. à l'E. On revoit encore de ces roches ignées à Minareti-han, dans les grès, et à côté de calcaire de l'époque crétacée.

Dans la *Mœsie supérieure*, la dernière pente méridionale du

Schiroka-Planina, au-dessus du Gomela-Rieka, présente quatre filons de porphyre décomposé gris jaunâtre, au milieu des schistes argileux gris associés aux grès. Ces roches y sont isolées, et sont environnées de ces décolorations et de ces teintes verdâtres, jaunâtres et rouges qu'on connaît dans les districts métallifères. Entre ce point et Selenigrad il y a de grandes masses de grès micaeé rouge, et du calcaire compacte gris et rouge. Le voisinage du trachyte qui se montre au haut de cette pente des montagnes pourrait induire à penser que ces porphyres ne sont que des filons de trachyte; mais outre la rareté de semblables faits, aucun caractère minéralogique et géologique n'appuie cette hypothèse, de manière que nous avons cru plus prudent de placer ces filons provisoirement en appendice des porphyres siénitiques.

### 7. *Dépôt de Serpentine et d'Euphotide.*

La *serpentine* est une roche assez fréquente en Turquie, surtout dans le sol crétacé inférieur de la partie occidentale de ce pays, ainsi qu'en Servie. Il y en a moins souvent dans les schistes cristallins ou le terrain primaire. Elle y est toujours en filons ou filons-couches quelquefois fort épais. Elle donne lieu à des buttes noires, rocailleuses, et souvent à rochers bizarrement découpés ou escarpés.

Les deux bords du Danube entre Goloubinie et Kasan en offrent de grandes masses dans les schistes cristallins. Depuis la pointe que forme le coude du Danube au S. de Scinica, de belles euphotides associées avec des serpentines s'étendent jusque vers Tischovitza. Plus loin, du calcaire grenu s'associe avec ces roches, et il s'est produit même un mélange de calcaire et de serpentine. Après cela, on traverse des gneiss talqueux, des serpentines et du granite qui paraît surtout près de Plasischevitza.

Sur le côté N.-E. du mont Avala, près de Biela-Rieka, en Servie, il y a une masse de serpentine dans les schistes de la formation crétacée (?), dont les débris décomposés, verdâtres ou blanchâtres, se sont mêlés aux sables et grès tertiaires; comme on le voit près de Rakovitza (1). A l'O. ou au S.-O. de Dratschá, à 3 l. de Kragoujevatz, les grès du terrain crétacé inférieur sont coupés par une serpentine, près de laquelle on observe une espèce de brèche quarzeuse très compacte. En allant de Kragoujevatz à Ragojevatz, on en trouve aussi sur la hauteur. A l'O. de Klisoura il y en a courant N. 5° E. à S. 5° O. à côté de brèche calcaire et de grès. A Tanda, dans le N.-E. de la Servie, M. de Herder a découvert de la serpentine à rognons siliceux associée aux roches schisteuses. Ces masses sont peu de chose, comparées aux éruptions semblables qui ont eu lieu sur le cours de l'Ibar, depuis Jitscha jusqu'à Mitrovitza, sur le cours inférieur du Raschka, dans le Kovatschevatschka-Rieka, au N. de cette rivière, dans les vallons des montagnes du Stol, au S.-S.-E. de Karanovatz, dans la vallée de Brsetie et du Gratschevatzka-Rieka, sur le pied septentrional du Kopaonik.

Les serpentines se trouvent sur les deux rives du Raschka, au gué de cette rivière, sur la route de Novibazar à Roudnitza. Le schiste argileux y alterne pour ainsi dire avec des masses de serpentine, près desquelles on observe quelquefois des roches altérées ou silicifiées. Ces alternats sont surtout répétés et bien distincts sur la rive occidentale, tandis que sur l'autre on voit la serpentine en grosse montagne à côté du porphyre siénitique ou du trachyte. La roche serpentineuse se retrouve aussi dans la vallée de la Raschka, à l'O. du gué mentionné, mais elle n'y occupe que peu de place.

En remontant la vallée du Gratschevatzka-Rieka, de Brous à Brsetie, on rencontre déjà la serpentine dans le grès, à 2 l. de Brous. Plus loin, elle forme un filon très épais courant du du N.-O. au S.-E. et produisant un défilé sauvage et couvert de blocs. Des brèches serpentineuses accompagnent cet amas. Entre Brous et Brsetie, il y a cinq défilés semblables, dont quatre sont formés de serpentine avec sa brèche, et entre ces

(1) La serpentine de Petervaradin paraît aussi appartenir à la même éruption, et les roches à apparence ancienne du Phrouschka-Gora ne sont peut-être que des roches secondaires altérées.

masses on ne remarque que des grès en partie schisteux et du calcaire compacte. La coupe de la partie supérieure du vallon courant du N.-E. au S.-O. est surtout intéressante, et offre sur une petite échelle les couches et les accidents suivants : un calcaire compacte à cavernes et quelque peu de minerai de fer oxidé hydraté, incliné au S.-E. sous 45°, du schiste argileux, une brèche serpentineuse, du calcaire compacte et schisteux gris et rouge, courant du N. 22° E. au S. 22° O., de la serpentine, du schiste, du calcaire compacte gris, rouge et jaune, près du village de Radmono, du schiste, du schiste altéré et endurci, de la brèche euphotidique, du schiste, de la brèche calcaire grise et jaunâtre, du schiste endurci courant du N. au S., du schiste anthraciteux, du grès décoloré en jaunâtre, de la brèche serpentineuse, du schiste bréchoïde ou une variété de *schaalstein*, du schiste, du calcaire compacte gris et rouge, une brèche amphibolique amygdalaire, de l'euphotide peu caractérisée à une petite cascade, de l'euphotide très feldspathique, du schiste endurci, de la brèche calcaire, de la brèche feldspathique ou du schaalstein, du grès, du schiste rouge endurci, du schiste verdâtre luisant, du schaalstein ou de la brèche feldspathique et amphibolique amygdalaire, du schiste argileux endurci, des alternats de schiste et de grès gris, du calcaire compacte schisteux et gris, des schistes, et des grès ainsi que du calcaire grenu gris. Il paraît donc que non seulement les filons de serpentine ont altéré les roches voisines, et produit des brèches avec leurs débris et les leurs, mais que, de plus, certains schistes ont été tellement changés sur place qu'ils sont passés à l'état de schaalstein. Cette contrée rappelle minéralogiquement certaines vallées primaires du Fichtelgebirge et du Cumberland.

Sur l'Ibar, le mélange des montagnes de serpentine avec les dépôts trachytiques étonne le voyageur, et se poursuit depuis Mitrovitza jusque vers la vallée de Stoudenitza. Elle forme des buttes assez considérables au N. des trachytes du château de Svetschan, près de Mitrovitza. Ils composent une bonne partie de la vallée de Baguiska et de la pente méridionale du

Rogosna-Planina en y étant associées de schistes crétacés. On les revoit entre le confluent de la Raschka, et de l'Ibar et Balievatz, à Bresnik, dans le vallon de Douboschitza, vis-à-vis de Maglitsch, au S. et au N. du Lopatniska-Rieka, ainsi qu'au S. de Jitscha. Dans ce dernier endroit, ils sont associés d'euphotide et de diallage en roche, et forment au pied N.-O. des monts Stolovi une série de basses collines. A Bogoutovatz, non loin de Karanovatz, existent de belles serpentines à diallage, ainsi que des euphotides. Le long de l'Ibar, jusqu'à Bresnik, ils coupent en épais filons des schistes argileux, et sont çà et là accompagnés de jaspe rouge, en particulier au N. de Bresnik. A Dalmerone, entre Bresnik et Maglitsch, on y voit une espèce zeolitique, et vis-à-vis du dernier village existe dans leur voisinage un calcaire demi-cristallin à traces de fossiles. Une écume de mer grossière (1) forme des petits filons dans la serpentine entre Mitrovitza et Bagniska.

Sur la Drina, en *Bosnie*, on trouve des accidents semblables. D'abord, au N. de Zvornik, la serpentine forme une butte à côté de grès du sol crétacé inférieur, et à 1 1/2 l. au S. de la ville, il y a des masses de schaalstein et de roche feldspathique verdâtre entre les calcaires compactes gris et les schistes du terrain crétacé. Près de Kizlar, sur le Jadar, le même système renferme du schaalstein ou de la brèche feldspathique particulière mêlée de calcaire. Elle est aussi au milieu des calcaires, et peut être accompagnée de quelques serpentines dans le voisinage.

Dans la Mœsie, les serpentines de Pristina sont associées avec du schiste argileux ou argilo-talqueux altéré en rouge, ou jaunâtre, ou même en jaspe grossier. Entre cette ville et Guilan, il y en a, sur la route par la montagne, plusieurs masses à 2 1/2, 3 et 6 l. de cette ville. Dans la première, la serpentine est dans du schiste tégulaire micacé accompagné de calcaire compacte et de brèche calcaire; dans la se-

(1) La belle écume de mer s'exploite à Eski-Schehir à 18 l. de Brousse, en Asie mineure. Il y en a aussi à Thèbes.

condé, le filon de serpentine contient du quarz résinite ou de l'opale grossière, et court du N. au S.; non loin de lui se trouve une puissante assise de calcaire compacte ou sublamellaire. A 2 1/2 l. au N.-E. de Guilan, il y a une grande masse de serpentine bordée de schiste siliceux, de quarzite et de calcaire. Ces dernières roches ressortent en crête dans le schiste à apparence primaire, qui court du N.-O. au S.-E. Plus loin, vers Guilan, on revoit un gros filon de serpentine, qui est peut-être la continuation du précédent, et qui est accompagné d'une masse assez grande de quarzite grossier formant aussi une crête. Les schistes courent, dans ce lieu, du N.-E. au S.-O.

Entre Katschanik et Uskioub, à 4 l. au N. de cette dernière ville, il y a une petite masse de serpentine associée avec du calcaire cipolin dans les micaschistes. Près d'Ostrovo, sur le lac du même nom, dans le S.-O. de la Macédoine, la même roche traverse sous forme de filons des schistes talqueux et du calcaire, en endurcissant les schistes au contact et les décolorant.

Sur la frontière de la Mœsie et de la Haute-Albanie, nous avons vu de la serpentine accompagnée de calcaire, de jaspe rouge, et d'un agglomérat quarzeux grossier dans les schistes, près de Lapouschnik, à l'O. de la Mitrovitza supérieure. A Detschiani, près d'Ipek, un rocher de serpentine s'élève à côté d'un calcaire crétacé et d'un agglomérat. En Albanie, à 2 l. à l'E. de Souha-Rieka, nous avons observé de la serpentine en filon courant du N. au S., et accompagné encore de brèche quarzifère. Les roches à l'E. ne sont composées que de schistes argileux avec du calcaire compacte gris primaire, et à l'O. il y a des alternats de grès micacé avec du calcaire compacte feuilleté gris, qui a l'air crétacé.

Les plus grandes éruptions de serpentine, en Turquie, ont eu lieu entre Prisren et Scutari, et dans le Pinde. Elles semblent, avec celles de la Morée, se rattacher à celles qui ont percé les Apennins en tant d'endroits. Ce seraient donc des produits ignés bien récents. Dans le Pinde elles forment, avec des Euphotides, d'énormes filons quelquefois parallèlement à la direction des couches, et viennent en contact ainsi avec le calcaire comme avec le grès crétacé, comme cela s'observe au col du mont Zigos, et à celui au-dessus de Milias, et au han de Plaka, sur le Spileön. Les serpentines y sont aussi accompagnées de brèche comme au Kopaonik. Les *jaspes* n'y manquent pas plus que dans les Apennins et dans la Haute-Albanie, comme nous allons le dire. La descente orientale des montagnes de Metzovo, celles de Malacassi et de Kroutschevo, et les environs de Krania offrent de beaux exemples de toutes ces roches. Les brèches existent en particulier au-dessus du han de Malacassi, et les jaspes donnent une teinte rouge à la contrée de Krania, aux pentes méridionales du mont Kroutschevo, et à la région du Zigos, sous la zone des pins.

Dans le Pinde la serpentine est accompagnée d'*Euphotide*, comme on peut le voir à l'E. du col du mont Zigos, entre Perivoli et Boboussa, sur le côté macédonien du Mavro-Vouni. Des Euphotides existent encore sur les pentes du Polyanos, depuis le débouché de la vallée de Calarites, au han de Golphino, près d'Arschistas, à la source du Voido-Mati, dans le district de Zagorie, dans le défilé de Moursina, près de Delvino, dans les montagnes d'où sortent le Bistritza et le Longovista, comme au mont Vigla et à Cochino-Lithari, près de Syvota, et le long de la côte de Spiantza, etc. M. Pouqueville décrit ces dernières roches comme prismées et géodiques, et les caractérise comme basaltiques (1).

Les premières masses qu'on rencontre à l'O. de Prisren forment le col qui conduit de la vallée de Verbnitza ou du Drin blanc dans celle du Drin noir ou vers Kolatschin. Cette serpentine est au milieu des schistes argileux. En-deçà du confluent des deux Drins la serpentine est tellement enchevêtrée dans les diorites, que leur histoire ne peut pas s'en séparer.

(1) *Voyez son Voyage*, vol. II, p. 444.

8. *Dépôt de Diorite.*

Nous n'avons rencontré la *diorite*, l'ophite des Pyrénées, que dans l'Albanie. Elle s'y présente sous toutes les variétés qu'elle a dans les Pyrénées, c'est-à-dire qu'elle paraît aussi bien comme une roche très cristalline, que comme une masse terreuse et apte à produire des vilains rochers nus, gris blanchâtres, ou des éboulis. Elle est plus ou moins feldspathique, et paraît passer à des feldspaths tenaces, comme ceux associés avec les Euphotides. Elle prend çà et là un aspect basaltoïde au moyen de ses rochers noirâtres, de sa décomposition en boules, et de ses petites masses angulaires. Elle est accompagnée de quelques brèches composées de fragments de diorite et de schiste plus ou moins altéré. De plus elle est entremêlée de masses considérables de serpentine; on dirait qu'une surabondance de magnésie a donné quelquefois lieu à cette dernière roche, au lieu de produire des diorites. Ce cas se présente aussi dans les Ophites des Pyrénées. Il y a moins souvent des masses de *Diallage en roche*, qui forme de véritables petites montagnes, et où ce minéral est en cristaux quelquefois énormes. Une route, jonchée de blocs de cette espèce, a l'air d'être couverte de petits miroirs. Cette dernière roche est connue aussi dans la même association, à Kraubath, en Styrie, d'après M. Zahlbruckner, et en Tyrol, d'après M. Partsch.

Ces éruptions ignées se sont fait jour à travers des schistes crétacés, qui contenaient quelque peu de calcaire et assez de grès. Ces roches ont été fortement altérées. Les grès ont été endurcis, ou même chauffés et fondus de telle manière, qu'ils sont devenus des espèces de quarzites à grains fins, ou au moins des roches très dures, sonores sous le marteau et méconnaissables. Le calcaire compacte est passé à l'état grenu, et il y a eu production énorme de jaspe rouge, verdâtre ou jaunâtre. On reconnaît quelquefois encore la structure schisteuse primitive de ces singulières matières, qu'on voit passer graduellement aux schistes argileux. Les petites masses de jaspe à côté des serpentines des Apennins disparaissent auprès de ces montagnes entières, auxquelles les roches jaspoïdes donnent une teinte rouge, et qui sont en général dénudées le long des torrents, à la suite d'immenses éboulis. La serpentine produisant des roches noires ou des éboulis verdâtres, le terrain de ces montagnes est bigarré de noir, de vert et de rouge.

C'est ce mélange bizarre de roches qui forme dans la Myrtida une bonne partie du bassin du Mati, et en particulier la chaîne entre le confluent des deux Drins et la vallée du Saphouschare. Les mêmes éruptions paraissent en partie avoir eu lieu dans la moyenne Albanie, au S. et au S.-S.-E. d'Elbassan, d'où elles se sont prolongées dans le Pinde. Dans le pays des Myrdites et des Malsores elles enclavent le Drin comme entre deux murailles, et s'étendent de Spass à Djakova, et même jusque vers Eretsch, à 1 l. 3/4 au N. de ce dernier bourg. La serpentine de Detschiani peut être regardée encore comme un témoin éloigné des énormes éruptions qui ont rempli, entre les montagnes calcaires du Drinassi et de Schalia, et celles schisteuses de Keroubi (des géographes), l'espace qui faisait communiquer une fois le bassin de Scutari avec celui de Djakova, d'Ipek et de Prisren. Les roches ignées occupent une étendue de 22 l. de l'O. à l'E., et d'au moins 15 l. du N. au S.

Depuis le confluent des deux Drins jusqu'à Hàn-Keuprisi (l'auberge du pont), le calcaire compacte crétacé et incliné au N.-E., compose les montagnes. En-deçà de la dernière localité, on rencontre sur le Drin des serpentines avec des diorites amygdalaires, suivies de schiste arénacé rouge. Après cela, il y a de nouveau de grandes masses de serpentine et de feldspath compacte euphotidique, qui semblent courir du N.-O. au S.-E. On franchit un torrent et on arrive à un han isolé, près duquel passent deux autres torrents venant de l'O., et charriant du calcaire et des serpentines. La roche des environs est du diorite feldspathique ou siénitique, qui est en partie décomposé en gris. A 3/4 l. de là, un torrent venant de l'O. coupe la route, et 1/2 l. plus loin, il y en a un second, et à 3/4 l. un troisième provenant aussi du même côté. Ces eaux charrient toutes des diorites, et la roche en place est toujours la même diorite feldspathique, qui forme des rochers hideux noirs ou gris.

A Spass, à 3 l. du Han-Keuprisi, le Drin continue à être bordé de cette roche. En remontant un torrent qui coule du S. au N., on arrive au pied d'une forte pente conduisant au haut d'un plateau. La diorite n'est remplacée par les schistes altérés que dans les hauteurs où se trouve le Soukat-Han. On en descend par une pente forte, dans une vallée étroite courant de l'E. à l'O., et se rendant dans le torrent de Spass. On y trouve successivement des masses de serpentine, des roches talqueuses, de la serpentine et de la diorite porphyrique. En remontant cette vallée, on arrive au-dessous de Vlet à un point où le sillon principal se prolonge encore à l'E., tandis qu'il est joint par un petit torrent venant du N.-O. Tous les deux prennent leurs sources dans les sommités du Kiapha-Mala, les plus hautes de ces montagnes. La diorite forme presque seule toute cette contrée qui est en partie boisée, et elle est surtout fort décomposée sur les pentes du Kiapha-Mala.

En-deçà de cette crête, on descend dans un vallon étroit et à fond incliné, et courant de l'O. à l'E. Ses bords sont formés par des rochers de diorite, entremêlés d'énormes éboulis et de quelques schistes et de jaspe rouge. On observe un peu de fer hydraté dans ces diorites. Pour aller au Latin-Hän (auberge catholique romaine), il faut passer une crête de diorite, qui forme une espèce d'éperon escarpé dans la vallée du Saphouschare. Au Latin-Han, il y a de belles diorites porphyriques, en blocs dans le torrent, et à 1 l. 3/4 plus loin, commencent de grandes masses de jaspe rouge. Ce jaspe contient une épaisseur assez grande de schiste argileux gris endurci et de schiste arénacé, et plus loin, on y remarque des grès convertis en roche très compacte et dure, quoique encore un peu schisteuse. Après cela, on descend bientôt dans un vallon dont l'eau coulant N.-S. va se réunir à celle du Saphouschare; il y a beaucoup de schistes cuits dans ses environs. On descend de nouveau le grand torrent à l'E., puis, à 1 l. de là, on remonte un petit torrent coulant du N. au S., et on traverse une crête de diorite ou le Skelaphouschare (escalier de Phouschare) pour redescendre dans le torrent de Rapé, qui coule du N. au S. La diorite est remplacée dans ce dernier par du diallage en roche de la plus grande beauté, et il est associé avec de la serpentine et de la diorite, en partie porphyrique ou décomposée; un peu de calcaire grenu est enchevêtré au milieu de cette dernière roche.

Depuis là, on a une longue montée jusqu'au haut du mont Pouka, qui est composé de plusieurs pentes échelonnées en gradins séparés par des espèces de plateaux et toutes placées sur le côté septentrional de la grande vallée du Saphouschare se rendant à Doukian-Han. Dans la première montée, on a encore occasion de revoir de la roche de diallage avec de la diorite. Plus loin, il y a des schistes crétacés cuits et des serpentines. C'est là qu'est le Kervethan. On franchit une crête de jaspe; on traverse une gorge et un petit torrent courant du N. au S., et on remonte sur des rochers de diorite pour continuer à longer de l'E. à l'O. le milieu de la montagne qui borde le Saphouschare. La serpentine succède enfin aux masses dioritiques, et on arrive à Pouka-Han placé dans un vallon.

On continue à descendre à l'O. le long de petites montagnes de serpentine, puis on traverse une petite éminence pour reprendre le bord élevé de la même vallée du Saphouschare, où on ne voit que des serpentines, des schistes et du jaspe. A 1 l. du Pouka-Han, on traverse de grandes masses de serpentine; à 3/4 l. plus loin, il y a des schistes encore si peu altérés, qu'on peut y observer une direction du N. au S., et une inclinaison à l'E. Ils sont suivis de jaspe rouge et verdâtre. Au S. on remarque des montagnes un peu plus élevées, à sommets assez aplatis, qui sont composées de schistes.

A 2 l. 1/2 du Han-Pouka, la vallée du Saphouschare tourne presque du S. au N., et est boisée. Un autre torrent coulant E.-O., vient y déverser ses eaux au pied d'une assez haute cime, d'où on a la première vue sur les montagnes calcaires des rivages de l'Albanie. Sur le côté occidental du plateau de cette montagne, à 3 l. avant Doukian-Han, on observe de singulières brèches serpentineuses et dioritiques, qui sont divisées en plaquettes presque horizontales. On descend à l'O. de la montagne par une pente rapide, sur laquelle sont tracés des sentiers à contours nombreux. La serpentine compose surtout cette montagne, et s'étend de là vers le Doukian-Han, où elle est associée avec de la diorite. La vallée de Saphouschare reprend au pied de la montagne sa direction primitive de l'E. à l'O.; mais à Doukian-Han, elle tourne de nouveau du S. au N., et se rend dans la Drin, en couvrant de cailloux de diorite tout le fond de la vallée qui a près de 1/4 à 1/2 l. de large au-dessous de Doukian-Han. On est alors arrivé à l'extrémité des dépôts ignés, car le bas de cette vallée est déjà borné de montagnes nues de calcaire crétacé.

En allant de Spass à Djakova, on remonte d'abord un torrent venant du N.-E., et charriant des diorites et des serpentines. On monte ensuite sur des crêtes assez élevées, qui sont couronnées de plateaux boisés en chênes, et dominés à l'E. par une chaîne calcaire courant du N.-E. au S.-O.; à l'E., ces dernières montagnes s'élèvent à 500 p. sur le plateau, et au N. elles ont au moins 1,500 p. de plus que ce dernier. Elles s'étendent au S., et vont joindre les crêtes de calcaire crétacé (?) à l'O. de Prisren. La diorite et la serpentine forment le plateau et les basses montagnes au S., au N.-E. et S.-O., qui sont les unes de même hauteur que lui, tandis que d'autres ont 600 p. de plus. Le torrent qui se jette dans le Drin, près de Spass, va prendre sa source à l'O., et il y a à l'E. du plateau un autre torrent, qui sort du pied des plus hautes montagnes calcaires. Après le hameau de Has et de Kiar, il faut traverser un col composé de serpentine, qui constitue aussi avec la diorite les environs de l'espèce de bassin élevé de Lethail. Un second col bas et boisé est à franchir pour arriver à la descente qui conduit dans la plaine de Djakova. On y rencontre successivement de la serpentine, de la diorite, du jaspe, de la serpentine et de la serpentine décomposée. Ce n'est qu'à 1 l. de Djakova qu'on aperçoit sur le bord de petits cours d'eau des argiles tertiaires bleuâtres, et plus loin viennent des collines entières de roches semblables qui bordent la plaine.

Si on va dans les montagnes, au N.-O. de Djakova, on voit encore les roches serpentineuses et dioritiques dont les débris nombreux couvrent toutes les pentes boisées de ces hauteurs. Un de leurs derniers contre-forts sont des crêtes de serpentine diallagique, l'une près d'Eretsch, à 1 3/4 l. de Djakova, et l'autre à 2 l. Ces hauteurs sont celles qu'on voit depuis Ipek au S.-O. et qui s'appellent *Kraljania.*

### 9. *Dépôts trachytiques.*

Les *dépôts trachytiques* sont assez abondants en Turquie, surtout au S. des chaînes au centre de ce pays, et particulièrement dans la Macédoine et la Thrace. Ceux de la Mœsie supérieure sont fort intéressants, parce qu'ils sont accompagnés de masses schisteuses soulevées ou placées d'une manière particulière. Plus au N., il n'y en a plus que des amas insignifiants. Ils ne sont probablement pas tous du même âge.

En Servie, des dépôts trachytiques ne paraissent exister que près du couvent de Moravtzi, dans la vallée du Ljig, dans une butte du château d'Ostrovitza, à 3 h. de Roudnik, dans la vallée de Grouja, depuis 1 l. 1/2 de Schestin-Han jusqu'à Vitanovatz, sur la Morava et sur l'Ibar, entre la vallée de Stoudenitza et la frontière bosniaque, soit sur cette rivière soit sur la Raschka. Dans tous ces lieux, les agglomérats dominent presque exclusivement, et le trachyte ne s'en élève qu'en buttes comme à Ostrovitza. Entre Balievatz et le Doukim-Potok des monticules de serpentine interrompent les collines trachytiques.

Dans la Turquie septentrionale, nous n'en connaissons que dans le Paschalik de Novibazar, savoir : autour de cette ville et le long de l'Ibar, depuis Mitrovitza jusqu'à la vallée de Stoudenitza. Ces dernières masses alternent aussi d'une manière curieuse avec des buttes de serpentine, de manière qu'on est tantôt sur la serpentine, tantôt sur le trachyte, et tantôt sur l'agglomérat trachytique. Une des parties les plus intéressantes de ce dépôt se trouve aux environs de Mitrovitza. Au N. de ce bourg, le château de Svetschan est placé sur une butte pointue d'un beau trachyte porphyrique, encroûté d'agglomérat sur sa base très large, mais à l'E. s'elèvent des montagnes de 1,000 à 1,500 p., où se trouvent à côté des schistes semi-cristallins et dans les agglomérats des variétés de toute espèce du *porphyre molaire* trachytique. D'énormes carrières y indiquent qu'on exploite depuis long-temps cette roche précieuse, qui s'exporte au loin dans la Turquie, au moins autant que le permet l'état des routes. A Dougopolie, à la montagne du couvent de Saint-Georges, près de Novibazar et vers les sommets du Rogosna-Planina le trachyte ne fait que percer en dômes ou culots les roches arénacées du système crayeux. C'est au N.-E. de Novibazar que s'élèvent les montagnes, dont le sommet le plus élevé supporte les restes du couvent serbe de *Stoupovi Sv. Djordje* (colonnes de Saint-Georges). Le trachyte y est amphibolique gris, rouge ou violâtre, et accompagné de quelques brèches. Il paraît placé à côté de roches arénacées du sytème crétacé inférieur, tandis qu'à l'E. il n'est séparé que par un vallon de schistes crétacés à apparence primaire.

La portion triangulaire de pays, au S. du confluent de l'Ibar et du Raschka, présente surtout vers son milieu de grands dépôts de trachyte, accompagné de beaucoup d'agglomérats de ce genre. On peut récolter dans ces derniers un grand nombre de variétés de trachyte amphibolique ou micacé, surtout blanchâtre, gris, rouge ou violâtre. Les fragments, ressortant de la pâte, produisent une surface très raboteuse, ou donnent lieu à des blocs épars. Ce dépôt paraît s'étendre un peu dans les hauteurs au S. et être placé entre les porphyres siénitiques des bords de l'Ibar, près de Roudenitza et les roches semblables associées aux serpentines et aux schistes crétacés des rives du Raschka. Il occupe un pays sauvage, couvert de pâturages secs ou de bocages.

Dans la *Mœsie supérieure*, il y a eu des éruptions trachytiques sur le pied septentrional et méridional du Schiroka-Planina. Derrière Vlasiditza (à 3 l. E.-S.-E. de Leskovatz), il y a des collines d'agrégat ponceux blanc ou grisâtre, formant un sol blanchâtre et jaune, qui est couvert de broussailles de chênes. Nous avons compté quatre ou cinq de ces collines, placées de l'O. à l'E., en échelons l'une au-dessus de l'autre, et remplissant le tiers de la profondeur de la grande échancrure entre le Krouchevitza-Planina et le Schiroka-Planina. Nous n'y avons pas vu de trachyte, quoiqu'il en puisse exister dans les contre-forts des montagnes boisées au S. de la route. A Darkovitza, village situé dans ces montagnes, on exploite des meules, composées d'un agglomérat trachytique à débris de micaschiste et de gneiss, leur ciment est plus ou moins feldspathique ou mélangé de quarz.

Au haut de la descente méridionale du plateau du Schiroka-Planina, dans la vallée du Gomela-Voda, du trachyte blanchâtre et micacé forme plusieurs buttes à l'O. du col et paraît être sorti sur une ligne N.-E. — S.-O. Les environs du col sont formés d'agrégats ponceux, fins et blancs; les buttes s'élèvent à environ 5 à 600 p. au-dessus de lui et ont des formes coniques, ou des sommets rabattus qui contrastent avec les montagnes schisteuses voisines. A la descente, on voit disparaître, au bout de 1/4 h., toute trace de roches ignées, et on rentre dans les schistes argileux et arénacés, dont nous avons déjà parlé.

Dans la *Macédoine septentrionale* se trouvent trois grandes groupes trachytiques, savoir : celui des montagnes autour de Karatova, celui entre Nagoritsch et la plaine de Strazin, et celui entre la vallée supérieure de l'Egridere et celle du Bistritza. Ces dépôts paraissent même liés ensemble, du moins c'est certainement le cas pour les deux premiers.

Le bassin du Bistritza communiquerait avec l'Egridere sans une grosse montagne de trachyte quarzifère, qui est venu former une muraille de séparation de 1,000 à 1,500 p. d'élévation. Son pied oriental est formé de talcschiste ou de micaschiste talqueux, mais immédiatement au S. se présentent des roches stratifiées très faiblement inclinées. Ce sont des poudingues et des espèces de grès probablement tertiaires, et le haut de la montagne, occupé par des prés et des bois, est formé de trachyte quarzifère micacé gris, tandis que sa pente orientale offre des alternats d'agglomérat trachytique très fin avec des espèces de molasse ou d'argile à fragments de trachyte décomposé. Plus bas, on voit encore reparaître quelque peu de trachyte parmi des agrégats trachytiques assez grossiers à pâte grise, blanchâtre ou verdâtre. Ce dépôt paraît avoir de grands rapports avec les trachytes, qui ont percé les molasses de la Styrie méridionale, près de Wolau et de Schonstein, non loin de Cilly. Il fournit les preuves des changements considérables qui se sont opérés pendant l'époque tertiaire récente, à l'apparition de ces roches ignées.

Au S. de cette montagne s'élève un rideau de sommités boisées, dont peut-être quelques unes sont trachytiques, tandis qu'au N. il y en a aussi, et on remarque même deux ou trois buttes coniques sur la longue pente des montagnes au N. d'Egri-Palanka.

En arrivant de Komanova à Nagoritsch, on est tout étonné de voir s'élever hors des sables et des grès tertiaires, çà et là, inclinés, plusieurs buttes à sommet très aplati, comme si plusieurs grands prismes polygones ou quadrangulaires avaient été placés sur le plateau tertiaire, sur une ligne courant du N. au S. ou du N.-O. au S.-E. On dirait voir des volcans formés dans les eaux, et ayant perdu leur cône de scories. Les trois ou quatre buttes peu élevées à l'E. et au S.-E. de Nagoritsch sont composées d'une roche basaltoïde, une espèce de dolérite très feldspathique, noire et à cristaux de pyroxène. Elle est divisée en masses irrégulières, et forme des escarpements autour des hauteurs.

Ce n'est qu'en-deçà de Schinie qu'on entre dans le véritable grand terrain de trachyte. Cette roche micacée rouge et grise constitue d'abord une série de hauteurs courant du N. au S., sur le côté oriental desquelles se trouvent de puissants dépôts d'agglomérats trachytiques grossiers ou fins, blancs, gris, rouges ou violâtres. Ces masses produisent des petits plateaux en corniche sur lesquels est établie la route d'Uskioub à Kostendil, tandis qu'au N. elles s'élèvent en montagnes boisées, à sommets surbaissés, et au S. elles s'étendent vers le groupe de Karatova, en dépassant la vallée étroite de l'Egridere, et bordant au N.-E. le plateau tertiaire de Moustapha. La descente dans la plaine de Stratzin est rapide et aussi composée des mêmes roches, qui forment encore au-devant du plateau, un peu au N.-E., une grosse butte à sommet aplati.

De plus, la prétendue chaîne centrale des géographes, entre le prolongement du Kara-Dagh, à l'E. de Komanova et les montagnes de l'Egridere, paraît être composée au N. et au N.-E. de Stratzin en partie de cimes trachytiques alignées environ du N. au S., et s'étendant jusque dans la vallée de la Morava, à 2 1/2 l. E. de Vrania. Nous y avons trouvé près de Toplatz des trachytes, et surtout des collines d'aggrégat trachytique ou ponceux, quelquefois très fin, micacé et employé pour la bâtisse.

Les dépôts trachytiques de Stratzin bordent en grande partie cette plaine au S. et la couvrent de leurs débris. A 2 1/2 l. à l'O. d'Egri-Palanka, sur la route de Karatova, on entre dans des collines de ce genre, qui s'étendent au pied occidental de montagnes de schistes talqueux et micacé. La limite des deux terrains est très tranchée à cause d'une différence de niveau ; mais elle est souvent encroûtée par d'épais dépôts d'alluvion moitié schisteux, moitié trachytiques.

On y observe des alternats de poudingues tertiaires et d'agglomérats trachytiques fins, jaunâtres ou gris blanchâtres ou rougeâtres, au milieu desquels il y a une couche de silex résinite brun et blanc et en partie décomposé. Plus au S., on a le plaisir d'observer le talcschiste rougeâtre recouvert d'une petite épaisseur d'agglomérats trachytiques, et ensuite d'agrégats et de grès tertiaires ou même coquilliers, dans une localité élevée. D'après la distribution et le niveau respectif des bassins tertiaires dans la Macédoine, il devient évident que ce sol tertiaire et les talcschistes ont éprouvé un exhaussement par suite des éruptions trachytiques. De plus, les schistes ont été travaillés par des vapeurs ferrifères d'où leur est venue cette coloration en rouge.

Le porphyre siénitique du Karatova paraît entouré de montagnes trachytiques et ponceuses. Si on descend la vallée du Braonista, on trouve en-deçà du porphyre, à une petite lieue de la ville, des agrégats trachytiques rouges et fins placés sur les talcschistes, tandis qu'au S. s'élève un grand cône de trachyte amphibolique gris et rouge. Son sommet est formé de rochers escarpés, et sa pente occidentale d'agglomérat trachytique micacé blanc. Plus loin, à l'O., le torrent est bordé d'une suite de collines d'agrégats semblables ou ponceux, parmi lesquels il y a des *alunites* blanches et rougeâtres. Ils forment çà et là de grands éboulis blanchâtres ou grisâtres; leurs roches ont quelquefois des teintes bleuâtres et verdâtres. Ces hauteurs remontent au N. pour se lier avec celles à l'O. de Stratzin.

En-deçà des mines de plomb, à 1 1/2 l. au S. de Karatova, il y a des hauteurs considérables d'agglomérats trachytiques plus ou moins grossiers ou fins. Quelques roches fragmentaires, presque ponceuses, se montrent aussi dans la vallée au-dessus du couvent du Saint-Père (Sveti-Otatz) et du village de Lesno. A l'O. et au S.-O. de ce dernier, les dernières hauteurs élevées du groupe des montagnes de Karatova, sont composées de *porphyre molaire* ou d'agrégats trachytiques fins et silicifiés après coup. Il est très intéressant de suivre cette métamorphose dans les vastes carrières ouvertes dans cette roche. On y voit les cristaux comme les débris disparaître ou se fondre dans la pâte grisâtre ou blanchâtre, de manière qu'à la fin on croirait n'avoir devant soi qu'un espèce de porphyre ou de roche feldspathique compacte, à cellulosités déchiquetées. Le porphyre molaire bien caractérisé, ne forme, dans les agrégats, que des masses irrégulières, comme le prouvent les exploitations.

En descendant de ces collines dans la vallée du Letovska-

Ricka, on revoit encore pendant plus de 3 l. à l'O. de la route, de très basses collines d'agglomérats trachytiques grossiers. Ces dernières roches paraissent aussi border la plupart des nombreuses gorges qui sont découpées dans la partie S.-E. et E. du groupe des montagnes de Karatova. Ces sillons rayonnent, pour ainsi dire, d'un centre qui est occupé par les porphyres siénitiques.

Nous concevons qu'il y ait des géologues qui ne sympathisent pas avec nous à l'égard de la séparation de ces derniers porphyres d'avec les trachytes, comme aussi à l'égard de la distinction de deux époques d'éruption pour les porphyres et les trachytes de l'Ibar et du Raschka. Bien peu de personnes peuvent s'accoutumer à l'idée qu'il y a eu des éruptions feldspathiques à toutes les époques, et que si les volcans ont vomi des trachytes dans les temps historiques, comme pendant la période tertiaire, il y a eu aussi des événements extrêmement analogues lors de la fin de l'époque crétacée. De plus, on croit voir dans le feldspath vitreux de quelques uns de nos porphyres, l'estampille du trachyte. C'est le pendant de l'ancienne opinion, qui refusait à cette dernière roche la possibilité de contenir des cristaux de quarz et des minerais, et trouvait, dans leur présence, la marque distinctive des porphyres secondaires du grès rouge. Depuis lors, le trachyte quarzifère de Santorin, les trachytes métallifères du Mexique et d'autres sont venus démontrer la futilité de cette argumentation.

Nous prions de lire attentivement ce qu'ont écrit MM. de Humboldt et Burkhardt (1) sur les porphyres siénitiques du Mexique encroûtés de trachyte, et de visiter le S.-E. de l'Europe où cette formation paraît seule bien caractérisée dans ce continent. Nous le répétons, déterminer la limite de ces deux espèces de roches est le plus souvent aussi impossible que de distinguer les limites mathématiques de plusieurs laves amon-

(1) Voyez *Aufenthalt u. Reisen in Mexico in d. Jahr. 1825 bis 1836*. Stuttgard, 1836. 2 vol. in-8°, à cart. et pl.

celées. Ce n'est qu'à une certaine distance d'un dépôt de l'autre qu'on peut assurer d'être sur l'un ou l'autre. D'ailleurs on comprend aisément qu'une masse ignée a pu en altérer une autre, et se fondre même avec elle dans certaines parties, soit réellement, soit au moyen de brèches, c'est-à-dire de fragments entremêlés des deux roches. Comment découvrira-t-on alors le point de contact cherché des deux éruptions ?

Le voyage en Hongrie de M. Beudant, et sa description détaillée des différents groupes du trachyte ont été une véritable acquisition pour la science ; mais s'il retournait sur les lieux et visitait en détail la Transylvanie, nous croyons qu'il entreverrait lui-même l'impossibilité d'appliquer dans la nature ces distinctions établies entre les porphyres métallifères et les trachytes.

Les trachytes paraissent avoir été formés plus fréquemment en coulées que les porphyres, qui sont en dômes ou en filons. Les trachytes semblent avoir joui de plus de mobilité, lorsqu'ils ont été soulevés en dômes, et ont pu pour cela former quelquefois des coulées sur des dépôts tertiaires, ce qu'on n'a pas encore vu nulle part dans les districts de porphyre siénitique. L'accident des métaux dans ce dernier est fréquent, mais n'est pas un caractère exclusif, car le trachyte et ses agglomérats peuvent aussi bien renfermer des minerais que le porphyre pyroxénique, qui est quelquefois encore plus récent, et offre des mines exploitables de galène argentifère, etc., comme près de Schio dans le Vicentin. La présence ou l'absence du feldspath vitreux dans les porphyres ou les trachytes de tout âge est une particularité minéralogiquement intéressante ; si elle ne peut pas servir à distinguer deux époques d'éruption de la même roche, elle n'est d'aucune valeur pour différencier les trachytes d'avec les porphyres métallifères. On en connaît, du reste, dans certains porphyres secondaires du grès rouge, et dans la siénite porphyrique du Bannat (Szaszka), qui est en filons distincts dans un sol calcaire et schisteux altéré. Or, aucun géologue ayant vu ces roches siénitiques n'en a cru devoir faire pour cela des trachytes, parce que tous les autres caractères minéralogiques et géologiques de ces derniers leur manquent entièrement.

A peu près sur les mêmes lieux se sont produits à diverses époques de la siénite, du porphyre siénitique et du trachyte. D'après M. Viquesnel, la partie basse de l'île de Samothrace serait un exemple de cette répétition d'éruptions dans les mêmes lieux. Cette succession d'éruption n'a pas eu lieu partout, souvent l'action ignée s'est trouvée épuisée après l'épanchement des siénites, ou après celle des porphyres, ou bien les bouches d'éruption ont changé de place. Lorsque les trachytes sont sortis dans les environs des porphyres siénitiques, ils les ont encroûtés, et ont formé en général infiniment plus de brèches et d'agglomérats que ces derniers. Il semblerait que les trachytes ont toujours brûlé et vomi leurs débris hors de l'eau, tandis que les porphyres ont été souvent sous-marins en tout ou en partie. De là vient aussi probablement qu'ils n'ont pas encore été vus accompagnés de ponces, qui sont fréquemment des produits concomitants des trachytes, et y indiquent comme actuellement la fin des éruptions. De cette différence doit être aussi résulté que le porphyre est bien plus souvent en filons que le trachyte, qu'il n'est guère en coulées et qu'il renferme bien plus fréquemment des réseaux de minerais. Enfin, il arrive que le trachyte perce le porphyre, tandis que le basalte traverse l'un et l'autre, puisque ses grands amas en coulées se trouvent sur le pourtour des districts trachytiques.

Sur la rive occidentale du Vardar, il y a des montagnes considérables de trachyte amphibolique dans le mont Tekes au S. de Kafadartzi; elles sont liées probablement aux crêtes du même genre, qui courent N.-S., à 2 l. à l'E. de Vodena, et sont composées en partie d agglomérat trachytique. La Bistritza à sa sortie des montagnes, au-dessous de Vodena, est bordée par des agrégats ponceux et des ponces broyées, réagrégées et blanchâtres. Ces dépôts font partie d'une série de basses collines, qui décrivent un demi-cercle au pied des montagnes calcaires, à l'O. et à l'E. de Vodena. Le voisinage d'amas considérables de travertin à Vodena et Telovo ferait presque croire que des dégagements considérables d'acide carbonique ont marqué la fin de l'activité de ces volcans, et que l'émanation avait lieu dans le lac cratériforme de Telovo.

Nous croyons aussi qu'il y a des agrégats trachytiques fins et blanchâtres au pont de Smighi sur la Sdreotza, au S. du lac de Castoria; mais nous n'en sommes pas assuré, ayant perdu nos notes à cet égard.

Dans la plaine de la *Thrace*, le trachyte forme des traînées de buttes, ou des groupes de hauteurs entre Jeni-Sagra, Janboli et la Tondja, ainsi que près de Karabounar, sur la route d'Éski-Sagra, à Andrinople. Il y a des trachytes amphiboliques sur les bords supérieurs de la vallée du Semidsche, au-devant du pied N.-E. du Rhodope, et entre cette chaîne et la Maritza nous avons trouvé une grande traînée N.-S. de collines trachytiques, au moins depuis Karabounar (sur la Maritza) jusqu'à Fered.

Les agglomérats trachytiques en forment la plus grande masse et sont très variés, mais ces différents dépôts ne paraissent point placés sans un certain ordre. Au contraire, après les trachytes quarzifères gris ou rouges au N. de Fered, on arrive à des agglomérats trachytiques grossiers et fins, auxquels ne succèdent que vers Koigngeri, à 2 3/4 l. de Fered, des agrégats ponceux, terreux, avec de beaux exemples de ponces broyées et réagrégées, et d'alunite. Les agrégats contiennent aussi quelques trachytes vitreux ou perlitiques, et des morceaux de trachyte micacé rouge. Au-delà de Seimenli, où les collines d'agrégats ont de 200 à 500 ou 800 p., on trouve des blocs d'alunite, de trachyte et de ponce sur la molasse, qui a l'air de se mêler avec ses roches agrégées volcaniques. Au N. de Tscholmetschi il y a des agglomérats trachytiques blancs, et des petites buttes escarpées de trachyte sous forme de coulée. Après cela on atteint une crête de ponces broyées, roche très compacte grise ou blanche, et semblable à une marne. Le dépôt s'étend encore au loin à l'O. de Karabounar, où règne la molasse avec ses argiles tertiaires. Nous ne savons pas si ce terrain igné se lie à celui de Semidsche, mais dans tous les cas il forme avec lui et les trachytes, au N. d'Andrinople, une longue traînée N.—S., qui est en connexion avec les roches semblables de Samothrace, de Lemnos et de Ténédos. En général ce terrain forme des collines à sol graveleux, aride, et çà et là couvert de bocages, de *Paliurus* et de chênes.

Les bords de l'entrée du *Bosphore*, vers la mer Noire, sont trachytiques. Ces roches s'étendent jusqu'à Jeni-Mahale, sur le côté européen, et elles viennent en contact avec les schistes dans la vallée de Sarjeri. Depuis ce point jusque près de Buyuk-Liman, le trachyte gris et des tufs blanchâtres forment les hauteurs qui ont de 100 à 150 mètres. Des agglomérats succèdent plus au N. à ces roches, en les encroûtant, et offrent une grande variété de fragments de trachyte, de phonolite, de dolérite basaltoide, de porphyre, d'obsidienne et de wackes diverses. A Buyuk-Liman on trouve des trachytes à noyaux de calcédoine et à petits filons de quarz résinite. Dans les agglomérats, on observe çà et là des roches solides, quelquefois légèrement prismatoides. Les agrégats occupent la plus grande place dans cette étendue triangulaire du terrain trachytique, qui s'étend de Jeni-Mahale à Kilia, en Europe, et à Riva, en Asie. Les îles Cyanées en sont formées, et s'élèvent à 60 p. au-dessus de l'eau, tandis que les falaises noires de la côte ont de 3 à 400 p. Le sable de ces côtes est titanifère.

Sur la rive asiatique on observe environ le même ordre dans les masses; le contact des trachytes et du terrain silurien se voit au vieux château génois; mais au-delà il y a encore une partie de la côte qui est schisteuse, avant qu'on atteigne le trachyte, auquel succèdent les agglomérats, qui sont traversés à 1/4 l. au S. de Fil-Bourounn par des trachytes prismés gris, et entre Poiraz et Fanaraki par des roches columnaires. M. Andréossy en indique de semblables au cap d'Youm-Bourounn. Le Bosphore offre encore une butte trachytique en Asie, à la sortie de Scutari, à côté des écuries d'Achmet-Pacha (1). D'a-

---

(1) Voyez les Mémoires intéressants sur les rives du Bosphore, par

près M. le major de Hauslab, l'île de Kalki, une des îles des Princes, serait aussi volcanique.

MM. Strickland, Hamilton et Texier ont confirmé les relations des voyageurs sur l'étendue du terrain trachytique dans l'*Asie mineure* (1). Sur la mer de Marmara il forme le promontoire de Bozbornou, au N. du golfe de Moudania. On en retrouve à Hammamli, près de Kirmasteu, sur le Rhyndacus, entre Derbend et Taushanli, où il est associé avec du grès lacustre, dans les environs de Ghiediz, de Gounay, dans les montagnes à l'O. de Kobek, dans une butte à 8 milles d'Adala, sur la route de Koola, sur le côté occidental du mont Sipylus, dans les hauteurs au-dessus de Smyrne, dans le mont Ak-Dagh, le Murad-Dagh, le Tamak et le Hassan-Dagh. Le fait le plus curieux, c'est qu'il y a des roches basaltiques et une coulée d'amygdaloïde columnaire près de Ghiediz; que la contrée de Catacaymena (brûlée), près de Koola, est le pendant des volcans éteints à cratères et coulées de l'Auvergne, et qu'ils y sont accompagnés aussi de dépôts tertiaires lacustres. De plus près de Kaisarieh, le pic volcanique d'Ardschisch (l'Ardeus) s'élève à 13,000 p. ang., d'après M. Hamilton, et son pied est couvert de coulées de lave. Rien de semblable n'est connu dans la Turquie d'Europe.

Les plus grands dépôts trachytiques de l'Asie mineure paraissent être, dans sa partie orientale, autour d'Erzeroum, dans l'Ararat, autour des lacs de Wan et d'Ormiah, à Orfa, à Kaisarieh, à Afion-Kara-Hissar, etc. Ils bordent ou percent cet immense golfe tertiaire, qui occupait une si grande portion de l'Asie mineure; car à cette époque la mer Noire s'étendait jusqu'au pied du Taurus, comme le prouvent les coquilles fossiles tertiaires de Caraman, qu'Olivier compare à

---

MM. de Verneuil et Strickland, dans le *Bull. de la Soc. géol. de France*, vol. VIII, pag. 269 à 271, et *Proceed. geol. Soc.*, vol. II, pag. 437.

(1) Voyez *Proceed. geol. Soc. of London*, vol. II, pag. 425, 437, 558 et 651.

celles de Grignon. D'ailleurs il n'y a qu'à étudier le relief de ce pays, sa potamographie, et ses routes sur les cartes, pour s'apercevoir, comme l'a dit M. de Hauslab, que les bassins actuels de toutes les rivières débouchant dans la mer Noire, depuis le Sakaria au Jeschil-Ermak, formèrent le fond d'une mer tertiaire, dans laquelle les terrains anciens sur la mer Noire, entre Erekli et Bafra, constituèrent une île. Plus tard, cette mer s'est partagée en plusieurs lacs, de là vient que le sol tertiaire de l'Asie mineure n'a pas seulement des collines de molasse, d'argile et de sable à coquillages marins, mais encore des lacs salés et beaucoup de dépôts d'eau douce. Il est même possible que la vallée tertiaire supérieure de l'Euphrate, jusqu'au Taurus, n'ait encore été qu'un golfe tertiaire dépendant de la mer Noire, et que plus tard une crevasse du Taurus ait donné à ses eaux un autre écoulement.

### 10. *Dépôt de porphyre pyroxénique.*

Le *porphyre pyroxénique* n'est nulle part dans le voisinage des trachytes, excepté à Nagoritsch, dans la Macédoine septentrionale. Le plus grand dépôt de porphyre pyroxénique est celui qui occupe les environs d'*Aidos*. Il commence au pied du Balkan, à 1 1/4 l. au N. d'Aidos, et se prolonge des deux côtés de la vallée descendant vers ce bourg. De là il continue à l'E. vers Bourgas, en formant de très basses collines jusqu'à 2 1/2 l. de là au Bain thermal, tandis que plus au N. les mêmes roches atteignent une élévation un peu plus grande, d'environ 80 p., sur le plateau. Ce sont des collines arides, déboisées, et offrant beaucoup de rochers épars et de très petits vallons. Leurs pentes très douces ont l'air de bruyères.

Entre ces masses et celles vers Rousoucastro, il y a une espèce de vallée en-deçà de laquelle on ne s'élève que graduellement, pour atteindre un vaste plateau boisé, surtout en chênes, qui s'étend jusqu'à Karabounar.

Les porphyres pyroxéniques offrent peu de variétés; se sont toujours des roches feldspathiques noirâtres, à cristaux d'augite noire ou jaune, et rarement vert (eaux chaudes d'Aidos). Il y en a de très belles sur le plateau, autour de Rousoucastro. A Aidos les escarpements de la colline à laquelle est adossée une partie de la ville nous ont présenté plusieurs longues portions de schiste marneux du système crétacé empâtées dans la masse pyroxénique. Le schiste est plus ou moins altéré et endurci, et çà et là converti en roche jaspoïde, rouge et grise. Neanmoins, on reconnaît encore dans certains feuillets les Fucoïdes (*F. intricatus* et *fuscatus*) caractéristiques de la craie inférieure.

Au pied du Balkan, le porphyre est accompagné de brèche pyroxenique, entremêlée de fragments de schiste marneux et d'argile marneuse, altérée, endurcie ou jaspoïde. Quelque peu de zéolithe ou de mésotype se trouve en petits filets dans cette roche noirâtre, mouchetée de gris et blanc. Il y a aussi des nodules et des druses de chaux carbonatée. Il paraîtrait qu'une des bouches qui a vomi ces roches était placée au pied de l'Hæmus, et que les collines de porphyre, bordant la vallée du N. d'Aidos, ne sont que les restes de deux coulées; du moins ces masses escarpées en ont toutes les apparences. Elles ont coulé dans des cavités du sol crétacé et en ont pu envelopper des portions; plus tard, une vallée a remplacé la crête qui séparait les deux coulées.

Les monticules, à l'E. d'Aidos, ne présentent aucun intérêt; le porphyre pyroxénique s'y montre seul et souvent dans un état terreux de décomposition. Au S. d'Aidos, le premier plateau est tellement boisé ou couvert de hautes herbes, qu'on ne peut que voir çà et là quelques roches. A 1 l. d'Aidos, près de Kitschalik, elles forment un petit cône sur le plateau; mais dans le plateau en-deçà de Rousoucastro, on a occasion d'observer dans les petits torrents traversant les bois, de la brèche pyroxénique, entremêlée de chaux carbonatée. Il y a eu aussi des bouches volcaniques dans ces lieux, car ces plateaux ont environ 2 1/2 à 3 l. de largeur, et ont comblé une vaste cavité entre le Balkan et la chaîne côtière, qui commence en-deçà de Karabounar. Il est possible qu'il y ait eu une fois non loin des des côtes de la mer Noire des îlots volcaniques semblables, car on retrouve de ces mêmes roches pyroxéniques dans les agglomérats trachytiques du Bosphore.

Le même dépôt pyroxénique, quelquefois à cristaux minces de feldspath-albite, constitue un assez grand plateau au centre de la Turquie, entre les bassins de Radomir et de Sophie, et au-devant du mont Vitoschka. Il s'étend depuis la vallée de Grlo ou de *Breshik* jusqu'à la plaine de Sophie, ce qui fait une étendue d'environ 3 1/2 l. de largeur sur 3 l. de longueur.

Ce plateau aride et déboisé est bosselé ; il atteint 2,637 p., et est couvert de rochers. Sur ses bords sont des sources assez abondantes, ce qui rappelle les accidents analogues à l'extrémité des coulées d'Auvergne, etc. A Bresnik, la roche est décomposée, blanchâtre ou jaunâtre, et en partie cariée, parce que le pyroxène a disparu. Quelquefois elle est terreuse et produit des éboulis comme au S. de Bresnik. En montant vers les points les plus élevés du plateau, on trouve des masses de brèche pyroxénique, qu'on revoit aussi, en descendant vers la plaine de Sophie. Des torrents ont raviné aisément ce terrain décomposé et fortement encroûté d'argile volcanique brune, surtout sur ses pourtours.

Vers Kilsoura, à 3 l. de Bresnik, on le quitte un moment pour entrer sur un sol crétacé, composé de schiste arénacé et de calcaire compacte rouge ferrifère ; mais la roche pyroxénique forme encore plus bas une seconde terrasse, qui n'est que peu élevée au-dessus du bassin de Sophie. Il paraîtrait que les éruptions sont parties du centre du plateau, où existent encore ses buttes les plus élevées, et peut-être que leur apparition n'est pas étrangère à la hauteur extraordinaire du mont Vitoschka, relativement aux montagnes environnantes. Dans tous les cas, ce plateau a été le foyer principal d'une action volcanique qui s'est étendue à plusieurs lieues au N. et au N.-O., soit dans la vallée de Philipovza, soit à Grlo et dans les vallées du Novoselska-Rieka et du Divlianska-Rieka.

A l'E. de Grlo, il y a cinq cônes pyroxéniques, alignés du N.-N.-O. au S.-S.-E., dont trois sont placés entre Grlo et Bresnik. Le porphyre pyroxénique y offre toujours les mêmes caractères, et rarement on y remarque des petits cristaux de feldspath vitreux; les roches rappellent alors certains produits des îles Feroë. Il paraît qu'il est sorti d'une fente dans le sol tertiaire, dont il a soulevé et déjeté les couches. En effet, on trouve que ces dernières ont une inclinaison de 45° au N.-E., qu'elles sont altérées un peu, et séparées du porphyre par une éponte de brèche pyroxénique, en partie vésiculaire ou amygdalaire, à nodules et petits filons de chaux carbonatée et de stilbite. Ce tufa doléritique paraît même avoir rempli de petites fentes dans les grès endurcis, gris, noirâtres, et le porphyre est placé sur lui dans une position inclinée à l'O., de manière à montrer qu'il est sorti par une fente oblique.

Dans la partie tout-à-fait supérieure du vallon de Philippovitza, et sur le côté oriental de cette cavité, à l'O. et au N.-O. de Grlo, on est frappé par la vue de deux ou trois buttes pointues de porphyre noir, d'autant plus que le calcaire crétacé inférieur y forme aussi, surtout plus au N., des pics ou petites pyramides, et qu'on s'attendait à trouver de semblables roches. Ces produits ignés paraissent être sortis aussi d'une fente, courant N.-N.-O.—S.-S.-E., et traversant les molasses tertiaires ainsi qu'une portion du terrain crétacé, car on y revoit des brèches et les mêmes accidents d'endurcissements et d'altérations des grès et des marnes tertiaires. Ces roches ont été aussi déjetées, puisqu'on y remarque des inclinaisons au S.-O. sous 45°. On revoit encore du porphyre noir et des molasses vers le col bas, qui sépare le vallon de Philipovitza de celui de Grlo, tandis que sur le col la roche ignée est en contact avec du calcaire compacte gris, alternant avec des grès marneux micacés inclinant au S.-O.

Il paraîtrait que l'apparition des porphyres a modifié le relief du sol dans cette contrée de telle manière, qu'il y a eu, dans le bassin de Grlo, formation d'un nouveau col, qui est devenu l'extrémité du vallon de Philipovitza. Auparavant, ce dernier ne s'étendait que jusqu'à 2 1/2 l. de Brespik, à une localité où le vallon éprouve aujourd'hui un étranglement occasionné par un petit monticule, au N. duquel toute trace de molasse disparaît. De plus, une modification analogue a eu lieu dans le haut du Novoselska-Rieka, entre son bassin et celui de Krasava et du torrent de Grlo, car la molasse forme la crête de séparation de ces cours d'eau. Dans le Novoselska-Rieka, on trouve encore, à côté du calcaire crétacé, des roches ressemblant minéralogiquement à des molasses. Ce sont, en effet, des grès calcarifères ; or, leur inclinaison, conforme à celle des calcaires et des grès secondaires, ne nous permet pas de croire que ce sont encore des lambeaux tertiaires, mais bien plutôt des roches crétacées ; c'est, du reste, un fait à vérifier. Si cela devait être des molasses, le bouleversement du relief se serait étendu au moins jusqu'à la barre pyroxénique du Novoselska-Rieka, ce qui serait extraordinaire.

En allant de Grlo à Scharkoë par les vallées du Novoselska-Rieka et du Loukanitschka-Rieka, on trouve vers le débouché du premier sillon dans le Divlianska-Rieka plusieurs buttes de porphyre pyroxénique et du tufa semblable, verdâtre, noirâtre, gris ou rougeâtre. Ces roches rappellent singulièrement celles des environs de Trente et du val de Fassa. Ces monticules bordent le vallon des deux côtés, et paraissent avoir percé à travers un terrain crétacé, composé de calcaire compacte gris, et de grès marneux gris ressemblant à des molasses. A 1/2 l. au N. de l'auberge du Divlianska-Rieka, il y a encore du porphyre pyroxénique, compacte, ou bréchoïde rouge, dans la même association ; il paraît former au S.-E. une grosse montagne, à sommet aplati. Une 1/2 l. plus loin, la vallée, qui courait d'abord du N.-S., puis de l'E. à l'O., se dirige du S.-O. au N.-E., et reçoit un torrent qui vient du N.-O., et lui apporte beaucoup de cailloux de calcaire et de porphyre noir, ce qui indique que cette roche a eu encore des éruptions plus loin au N. En descendant encore plus bas au N.-E., on traverse un gros filon d'un beau porphyre pyroxénique, enclavé dans des schistes argileux et arénacés de l'époque crétacée ancienne. A 2 l. à l'O. de Scharkoé, la Soukova sort d'un profond défilé, dominé par des escarpements et des plateaux de calcaire crétacé dans lesquels il y a aussi quelques masses pyroxéniques. On n'en revoit plus de traces plus loin que jusques en-deçà de Scharkoë.

A 1/2 l. au N. de cette ville, la cavité au pied du Belava-Planina est séparée du vallon au N. de Scharkoé par une crête de 400 p. d'élévation, qui est composée de porphyre et de brèche pyroxénique fine, verdâtre ou noirâtre. A l'O., est placé du calcaire et du schiste crétacé, tandis qu'à l'E. il y a entre le vallon de Scharkoé et le défilé occupé par la Nischava, une arête composée de grès et d'argile tertiaires, placée sur le sol secondaire et recouverte d'alluvions puissantes jaunes. Cette masse pyroxénique s'étend de là au N. ou N.-N.-O., sur le côté oriental du Temstitza, jusque vers Tzernokliski-Han, où il y a de grotesques rochers calcaires crétacés. A 3/4 l. plus au N., ce calcaire produit un étranglement dans la vallée, et près de cette barre il y a des alternats de marne et de calcaire marneux crétacés, qui sont traversés par trois minces filons de brèche pyroxénique. Il paraîtrait que ce gisement est aussi celui des autres masses, et le peu d'épaisseur des derniers filons indique l'extrémité septentrionale de l'éruption; c'est le pendant des filons de Grlo, relativement au plateau de Bresnik.

Nous sommes porté à penser que l'apparition de cette roche ignée a eu une part considérable dans le fendillement si grand de cette contrée, où abondent les défilés calcaires N.-S. et O.-E., avec des formes bizarres dans leurs rochers. De plus, il est probable qu'avant l'éruption au N. de Scharkoë, les eaux du Soukova et celles venant de Tzaribrod, etc., s'écoulaient dans la Nischava, par le vallon derrière Scharkoë, le canal du Temstitza, et la plaine de Moustapha-Pascha-Palanka. Les escarpements calcaires du Belava-Planina à l'O. et celles des hauteurs semblables à l'E. ou au N. du Tzernokliski-Han, portent les traces d'érosion aqueuse, et rappellent en petit en tout point l'ancien canal tertiaire entre Annecy, Aix et Chambéry. L'éruption ignée ayant bouché cette vallée, il a dû se former un lac autour de Scharkoé. Il occupait la plaine à l'O. de cette ville, le vallon au N., et s'étendant vers Tzaribrod ; c'est à cette époque qu'ont pu se former, si ce n'est les grès tertiaires près de Scharkoë, du moins les alluvions, et c'est à travers les collines tertiaires à l'E. de cette ville, que la Nischava a trouvé à se frayer plus tard un passage dans un grand sillon de calcaire crayeux courant S.-E. — N.-O.

Nous placerons en appendice certaines roches porphyriques feldspathiques que nous avons trouvées dans la vallée profonde du *Soutschesa,* au pied des pics de dolomie crétacée, dans les bois entre le han de Soutschesa et le Karaoul près du château de Pirlitor.

Comme pour un pays si inconnu que la Turquie, aucune indication ne doit être méprisée, nous aviserons les voyageurs que certains ecclésiastiques catholiques de Bosnie prétendent qu'il a eu, il y a quelques années, dans le bassin de Koupris, un pseudovolcan, ou un phénomène souterrain, accompagné de fumée. Quoi qu'il en soit, il est remarquable de trouver indiquée dans le *Tabulis Acutheanis*, pour l'année 1336, la combustion spontanée de montagnes bosniaques avec leurs pierres et leurs animaux, et la métamorphose de montagnes en plaine, à la suite d'un phénomène extraordinaire.

### 11. *Résumé sur l'âge des divers dépôts ignés.*

Le *Porphyre pyroxénique* traversant le sol tertiaire moyen et supérieur, indique que ses éruptions ont eu lieu au moins tout à la fin de cette époque, et ont précédé les basaltes anciens. Les *trachytes*, mêlant leurs agglomérats aux roches de molasses ou du terrain tertiaire moyen, paraîtraient un peu plus anciennes, du moins pour celles sur la Maritza, dans la Thrace, près de Leskovatz, et autour de Karatova. L'âge des trachytes du Schiroka-Planina et de la Macédoine occidentale, de l'Ibar et de Novibazar, doit par analogie tomber environ dans la même époque. Les différentes éruptions trachytiques auront pu durer jusque vers la fin de la période tertiaire, comme semblent l'indiquer les buttes pyroxéniques de Nagoritsch, sur-ajoutées aux dépôts ponceux ; car ces nouvelles roches paraissent marquer le moment du commencement des éruptions du porphyre pyroxénique.

Les *diorites* et les *serpentines* traversent des terrains anciens, et surtout le sol crétacé. On ne peut méconnaître leur liaison avec les éruptions semblables des Apennins, et avec les exhaussements et les bouleversements du sol de la Turquie occidentale, comparé au terrain identique bien moins accidenté des Balkans, mais aussi privé de ces roches ignées. Elles sont évidemment postérieures au moins au terrain crétacé inférieur ; mais dans les Pyrénées, M. Dufrénoy a placé leur apparition dans l'époque tertiaire. On peut donc penser qu'elles ont été vomies pendant le commencement de cette dernière période ; de là vient aussi que leurs débris ne se trouvent pas dans des roches plus anciennes que celles du sol tertiaire moyen.

On peut élever la question si toutes les serpentines de la Turquie sont de la même époque, quel que soit le terrain qu'elles traversent. Nous le pensons théoriquement, mais nous ne pouvons pas toujours appuyer notre idée de preuves géologiques ; mais nos adversaires ne sont pas non plus capables de nous prouver le contraire. C'est un cas analogue à ces porphyres quarzifères de l'Erzgebirge et de la France centrale qui se trouvent isolés au milieu du sol schisteux cristallin, tandis qu'ailleurs ils sont à leur place véritable, au milieu de leurs débris, les grès rouges secondaires, dernier caractère qui indique seul leur époque secondaire incontestable.

Nous avons détaillé les accidents de contact des serpentines, et nous avons montré qu'on devait classer dans ce genre de roches, non seulement les grès endurcis et les jaspes, mais encore des variétés de Schaalsteins et de brèches bizarres formées aux dépens des schistes crétacés ou primaires. Certains trapps ou des éruptions feldspathiques ont eu aussi la faculté de produire de semblables roches, ce qui du reste est facile à comprendre, puisque ces masses occupent la même position géologique que les serpentines, et s'y lient par les euphotides.

Les *Porphyres quarzifères*, au moins en Thrace, sont un accident si isolé, qu'on ne peut guère en faire un dépôt secondaire ancien. Cependant il serait possible que lors de cette éruption la chaîne de schistes cristallins de la partie méridionale du Balkan était moins démantelée qu'actuellement, ou qu'elle ait éprouvé depuis lors des abaissements.

Le *porphyre siénitique* est reconnu pour être postérieur au moins au système crétacé inférieur, en Servie comme en Transylvanie et Hongrie. Le prolongement de ces roches, depuis ces pays et le Bannat jusqu'en Servie, est un fait incontestable. En Macédoine, au contraire, on ne trouve aucun accident géologique qui détermine leur âge; il faut se laisser guider par l'analogie.

Les *siénites* turques sont au moins plus récentes que les schistes talqueux, et probablement au moins des éruptions de l'époque primaire récente. S'il était bien prouvé qu'il y eût en Servie des siénites hypersténiques près de Karanovatz et de Tzernaika, l'analogie avec leur position en Écosse pourrait engager à y voir des masses sorties même après le dépôt du lias.

Quant aux *granites*, celui qui est porphyrique paraît toujours plus récent que l'autre; et ce fait est même vrai, lors même que ces deux variétés de roche font partie du même dépôt. En effet, les filons de granite porphyroïde, qui accompagnent les dômes de granite, sont plus récents que ces derniers, puisqu'ils les coupent. De ce seul accident, on peut déjà conclure la probabilité de l'âge plus moderne des granites porphyriques en grande masse. Mais lorsqu'on voit ces derniers au milieu de terrains cambriens et de grauwackes en coupoles et filons, on peut avancer qu'au moins ce genre de granite est de l'époque primaire récente, ce qui ne préjuge pas l'âge de tous les granites. Il peut y en avoir eu des éruptions plus anciennes; mais nous croyons que leur gisement en dômes ou en filons ne donne aucune preuve distinctive pour leur âge. D'après des idées théoriques, nous classerons les granites des gneiss à la fin de l'époque primaire ancienne, parce que ces terrains schisteux ne contiennent pas assez de calcaire pour y voir des grauwackes altérées, tandis qu'on peut en faire des roches modifiées du terrain primaire ancien.

Les *protogines*, par leur position à côté des roches arénacées et calcaires modifiées de l'époque crétacée, semblent un produit igné fort récent.

Il est bien remarquable de ne trouver en Turquie que peu de dolomies, point de basaltes ni de sel, et presque aucune trace de gypse, si on en excepte toutefois le gypse crétacé de Dibre et celui d'Aulone. Une énorme masse de sel est d'un autre côté enfouie dans le sol tertiaire de la Valachie et de la Moldavie. On observe même en Turquie très rarement des Corgneules dans le sol calcaire crétacé, presque toutes les dolomies occupent des cimes élevées et déchiquetées dans le N.-O. de la Turquie, et sont voisines de roches schisteuses altérées, ainsi que des roches porphyriques dioritiques et même pyroxéniques du Soutschesa, qu'on pourrait peut-être rapprocher des masses semblables du Tyrol.

D'une autre part, nous verrons que l'ancienne activité volcanique sous le sol turc crevassé s'exerce encore en y produisant un nombre considérable de sources thermales alignées le long des chaînes ou des éruptions ignées. En suivant sur la carte les dépôts plutoniques de la Turquie, on voit qu'ils ont été vomis, les anciens comme les modernes, surtout sur des lignes N.-S. ou N.-N.-O.—S.-S.-E. Ceci indique que l'action ignée ne s'est guère déplacée pendant un laps énorme de temps, mais qu'elle a seulement modifié ses produits rejetés. On peut poursuivre ces traînées de crevasses remplies de matière ignée qui, çà et là, a débordé soit dans la Grèce, l'Archipel et l'Asie-Mineure, soit en Hongrie, dans le Bannat, la Transylvanie, l'Illyrie et la Styrie. Néanmoins, dans ce dernier pays et en Asie, le basalte se montre en grandes masses, ce qui contraste avec l'absence de cette roche en Turquie. Cette dernière est remplacée par beaucoup de porphyre pyroxénique, produit inconnu, au moins en Hongrie et en Styrie, et ne se retrouvant qu'en Tyrol et dans les États vénitiens; enfin dans l'Asie-Mineure, il y a de véritables volcans éteints depuis les temps historiques, ou du moins depuis des époques géologiques extrêmement récentes.

### § 7. Filons et amas métallifères.

Des minerais exploitables sont surtout connus en Servie, parce que ce pays a été quelque temps sous le gouvernement autrichien, qui a fait faire des recherches à cet égard. En 1836, M. de Herder, capitaine des mines de la Saxe, a visité, à la demande du prince Milosch, les principaux gîtes métallifères de ce pays.

La Bosnie contient probablement tout autant, si ce n'est plus, de minerai que la Servie; mais peu de localités en sont connues, vu l'ignorance des habitants. Dans la Mœsie, nous n'en avons vu que dans la partie voisine de la chaîne de l'Egridere, ainsi que près de Kratovo et de Novo-Brdo, au N.-E. et S.-E. de Pristina. En Bulgarie, il n'y en a que près d'Etropol; mais par contre il en existe assez dans le N. et le centre de la Macédoine, ainsi que dans le Schar, le Pinde, la Chalcide et le Rhodope.

Dans le *N.-E. de la Servie*, le calcaire et le porphyre siénitique sont accompagnés à Maidanpek et Boutsche d'amas de fer oxidulé, de cuivre pyriteux carbonaté et gris argentifère, minerai qui alimentait une fois vingt-trois usines. A Tzernaika, il y a du fer oxidulé cuprifère dans la même position; à Roudna, du fer oxidulé exploitable; à Tanda, de la galène et du cuivre pyriteux, entre la siénite et le micaschiste; à Louka, il y a des anciennes mines de galène dans le micaschiste; à Goloubatz, il y a du cuivre pyriteux et carbonaté dans le calcaire primaire en nids, comme à Moldava dans le Bannat; à Stara-Koutschaina (le vieux Koutschaina), il y avait autrefois des mines d'argent. Plus au S., M. de Herder cite une autre exploitation ancienne de fer près de Bela-Konie, et une d'argent à Loukovo. Il y a aussi des lavages aurifères sur le

Grand-Timok et le Pek; enfin, à Oreschkovitza, il y a eu des fonderies.

Les mines du N.-E. de la Servie paraissent avoir été exploitées fort anciennement, et aussi par les Autrichiens dans le siècle passé. Les Turcs les abandonnèrent lorsqu'une bande de brigands eut ruiné l'établissement de Maidan-Pek, et se contentèrent, dit-on, d'exiger du district 3,000 piastres de plus comme compensation des mines délaissées. Sous Tzerni-George, on ne reprit pas ces travaux, mais on se contenta d'en faire près de Maïdan, dans les monts de Roudnik. Un mineur du Bannat fut enlevé à cet effet de nuit et retenu en Servie.

Les amas métallifères des monts Schtouratz, dans le district de Roudnik, sont semblables à ceux de Maidan-Pek par leurs minerais et leur gisement, néanmoins il n'y a pas de cuivre. La galène argentifère, la blende, le fer oxidulé avec quelque peu de fer pyriteux, forment des nids dans des filons de quarz qui ont de 5 à 10 po. de puissance, et qui traversent un porphyre silicifié et des grès probablement de l'époque crétacée, ce qui rappelle beaucoup les gisements aurifères de la Transylvanie. On y trouve encore deux galeries, dont l'une débouche dans un endroit éboulé de la montagne, et près de là un rocher avancé donne lieu à une petite caverne. A Maidan, des tas de scories sont les restes des derniers travaux entrepris sous Tzerni-George. Des essais infructueux d'exploitation ont été faits jadis par les Autrichiens dans une forêt, à Visoka, à 1 h. au N.-O. de Ripagn (au S. de Belgrade). Il y a des pyrites, du fer hydraté dans du porphyre et un bout de galerie débouchant sur un petit torrent.

Dans *l'ouest de la Servie*, il y a un peu de blende et de fer sulfuré dans le sol crétacé, à Jivkovtza, près de Kroupagn. Des nids et des petits filons de galène existent dans le calcaire récent du district de Kroupagn. On y a fait jadis des exploitations à Jagodnia, près de Kroupagn, et à Korenitza, dans le Jadar. Néanmoins, les gîtes accompagnés de brèche calcaire ne semblent point riches et n'ont jamais servi qu'à fournir du plomb pour faire des balles. La cime du mont Jagode-Planina, près de Kroupagn, ne présente que deux endroits où on a fouillé le sol à la manière des taupes, et les gens du pays nous on dit qu'on n'y recherche le plomb que dans la mauvaise saison, lorsqu'il n'y a plus de travaux agricoles à exécuter.

Dans le S.-O. du même pays, M. de Herder cite du fer hydraté exploitable à Roudnik, dans le Jélin-Planina, à Loukovo, à Vetreniak, et des gîtes de galène argentifère à Zeovitch ou Zeovischte, dans ces mêmes montagnes, près de Laschnevitsch, à Vetreniak, et dans le groupe du Kopaonik. Le sommet de cette dernière montagne, portant le nom de Souvo-Roudintsche (lieu de mines sèches), offre, à côté du porphyre siénitique, des amas considérables de fer oxidulé mêlé de grenat ou avec une gangue de ce minéral.

En *Bosnie*, on exploite surtout des amas de fer plus ou moins compacte ou cellulaire près de Vischegrad, dans quatre à six endroits autour de Voinitza, près de Kreschevo, entre Boutzovatz et Visoka, non loin de Serajevo. Les mêmes gisements sont utilisés en *Croatie*, à 1 l. de Bistritza, à Novi-Maidan (nouvelle mine), près de Timar (à 2 l. au S. de Kosaratz), à Maidan (près du vieux château de Kamengrad), autour de Stari-Maidan (ancienne mine) et de Priedol. Il y a aussi du minerai semblable à Maidan, près du Gratschanitza supérieur, près de Soutinska et de Vakoub. Ces mines alimentent bon nombre de forges et de fonderies de fer; on en compte trois ou quatre près de Voinitza, deux dans la vallée au-dessus de Brouzeni-Maidan et plusieurs près de Stari-Maidan et de Kamengrad.

Ces dépôts gisent dans des cavités, surtout des roches calcaires, et y sont entremêlés de plus ou moins d'argile et de fragments de calcaire. Ils donnent lieu à un sol rouge brunâtre et paraissent tirer leur origine d'anciennes sources minerales, comme le fer pisolitique de la Dalmatie, de la Carniole et d'autres lieux. On les exploite à ciel ouvert, comme à 1/4 l. au S.-S.-O de Voinitza, ou au moyen de puits étroits, et ayant quelquefois jusqu'à 50 à 60 p. de profondeur.

Les relations sur les autres richesses minérales de la Bosnie sont fort vagues, quoiqu'il paraisse incontestablement que ce pays contient même d'autres métaux que du fer, et que même, sous le dernier roi, Étienne Thomasévich, il y avait un certain Dejan Altomanovitch qui était *super mineralia refendariorum nostrorum magister*. D'anciennes exploitations, peut-être romaines, de plomb argentifère sont dites exister près de Srebernitza, d'où est venu à cette ville son nom de Ville-d'Argent. On cite aussi des minerais argentifères à Kroupa, et surtout dans la grande chaîne des montagnes méridionales de la Croatie turque, vers les sources de la Sana. C'est probablement ce minerai cuivreux argentifère (*Fahlerz?*) et ce fer, qu'on nous a dit être faiblement exploité maintenant dans des montagnes au N. de Livno. Près de Kreschevo, la même chaîne recèlerait, dit-on, du mercure, mais les habitants en font un secret, ce qui rend ce rapport très douteux.

Enfin le mont Slatibor (mont d'or), sur la frontière du district serbe d'Oujitze, passe, à tort peut-être, pour aurifère, car le mica jaune et blanc est pris trop souvent pour de l'or et de l'argent par les ignorants. Néanmoins plusieurs rivières de Bosnie sont dites charrier des paillettes d'or, telles que la Bosna, la Verbas, la Laschva, près de Travnik. Pline prétend même que les Romains avaient une mine d'or dans le Slatnitza (d'or), près de Travnik, aux sources du Laschva. Elle aurait été dans le terrain schisteux probablement modifié.

Dans le *Balkan d'Etropol*, le calcaire des schistes argileux et talqueux contient du minerai de fer oxidé et hydraté, qu'on exploitait encore il n'y a pas long-temps. De grands tas de scories et d'anciennes fonderies attestent, à Etropol, l'activité minière qui a régné dans ces lieux. L'exploitation a été abandonnée, dit-on, parce que le fisc demandait de trop forts droits.

Dans la *Mœsie supérieure*, les talcschistes des montagnes, entre la vallée de Klisoura et celle du Vrtska-Rieka ou de la Morava, contiennent beaucoup de masses décomposées, qui sont remplies de cristaux microscopiques de fer oxidulé. Il y a de nombreux lavages pour extraire ce fer, et les fonderies se trouvent à Klisoura et dans le Vrtska-Rieka. Le même genre de mines existe à 1 1/2 h. à l'E. d'Egri-Palanka, dans des montagnes sauvages, où il y a une fonderie. A Samakov, le même minéral se trouve dans les alluvions anciennes, et en est extrait aussi par le lavage. Les hauts-fourneaux sont dans le voisinage de ce bourg, sur la rive gauche de l'Isker.

Les montagnes de schistes talqueux et de quarzite, près de Novo-Brdo, de Kratovo et de Janovo ou Janievo, à l'E. du bassin de Kosovo, renferment positivement des minerais argentifères; les historiens parlent même d'or. De là est venu probablement le nom de la ville de *Kourschoumli* (ville de plomb), et c'est peut-être le Pangée des Anciens. D'après les anciens historiens, dès le milieu du premier siècle de notre ère, il y avait des mines en Illyrie, qui donnaient une quantité considérable d'or. Vers 1227, les mines de l'ancienne Servie donnaient des produits assez considérables pour que le moine Save, fils d'Étienne Nemanovitch, fit venir des mineurs d'Allemagne. C'est aussi dans le milieu du XIIIe siècle que prirent naissance la plupart des colonies minières allemandes en Hongrie (1). Une colonie de mineurs saxons a existé, surtout près de Novo-Brdo; et de 1427 à 1437, les mines de la Haute-Mœsie furent concédées par le despote serbe George Brankovitch à la république de Raguse, moyennant une ferme annuelle de 200,000 ducats. Néanmoins, les Ragusains en tirèrent un grand profit, parce qu'ils n'exploitèrent que les parties les plus riches et ne pensèrent qu'à s'enrichir, sans songer à utiliser entièrement ces gisements. En 1439, la conquête d'une grande partie de la Servie par Amurad fit cesser ces exploitations, mais elles furent reprises en 1444, lorsque le despote George rentra en possession de ses États par le secours du vaillant Hunyad. Les historiens évaluent encore à 120,000 ducats le produit annuel

(1) Voyez Mém. de l'Inst. nat., vol. V, pag. 469, *Geschichte der benachbarten Lændern Ungarn*, par Engel, vol. II, et *Geschichte des Freystaats Ragusa*, par Engel, pag. 165.

de ces mines à cette époque, où les incursions ennemies ne manquèrent pas dans la Servie méridionale. Lorsqu'en 1455 le sultan Mahomed prit Novo-Brdo, et le roi serbe annonçant ce désastre au roi de Hongrie, désigne Novo-Brdo comme *caput patriæ, et ob mineras nervi bellum*. Il est dit positivement que le sultan n'amena pas en esclavage tous les mineurs pour les employer aux mines de siége, et qu'il retira encore d'assez belles sommes de ces mines. L'époque où tout travail cessa ne peut être précisée, mais doit être fort éloignée de nous, puisqu'il ne reste dans le pays que le souvenir des mines, sans qu'on puisse parvenir à savoir au juste où elles étaient. Dans la vallée de Gratschanitza, et à 3 l. au S.-E. de Pristina, et à quelques lieues au N.-O. de Novo-Brdo, près de Janievo, nous avons cependant remarqué des tas de scories d'anciennes usines.

Au S. de Karatova en *Macédoine*, on exploite de la galène argentifère qui, associée avec un peu de fer hydraté et de pyrite, est dans des petits filons de chaux carbonatée, au milieu du porphyre siénitique. L'exploitation a encore lieu, et les usines sont à Karatova. Dans le prolongement oriental de la chaîne chalcidique du Kortiasch, au-dessus de Salonique, il y a eu des mines déjà exploitées sous les rois de Macédoine. Paul-Émile, vainqueur des Perses, défendit, par exemple, ce travail. Elles sont situées dans la montagne, au S.-E. de Sidero-Capsa (t. *Sidrekaisi*), l'ancienne Chrysite, et à Madena-Choria, près de Larégovi, à 14 l. S.-E. de Salonique, et sont établies sur des filons de plomb argentifère dans le micaschiste. Elles ont été abandonnées plus tard par suite d'une mauvaise administration; mais le tribut a continué à être payé, malgré cela, encore plusieurs années, parce que les habitants ne voulaient pas perdre leurs priviléges. Belon, qui visita ces mines en 1568, décrit leur exploitation et la manipulation des minerais (voyez le 1er livre des Singularités, chap. 50). Chaque mois le gouvernement en recevait 18 à 30,000 ducats, et il y avait 500 à 600 fourneaux. Ces mines furent reprises dans le XVIIIe siècle. M. Urquhart a exposé comme ces mines ont procuré aux habitants des environs, sous le nom de Madena-Choria, la jouissance de s'administrer eux-mêmes, sauf un tribut déterminé. (Voyez la *Turquie et ses ressources*, vol. II, p. 120.)

Dans le *Schar*, on m'a assuré qu'il y avait, à 2 l. de Kalkandel, d'anciennes mines semblables dans le talcschiste; mais les Turcs et la plupart des habitants n'en veulent rien savoir, les premiers par insouciance et ignorance, et les autres parce qu'ils craignent toujours que la découverte de minerais ne soit pour eux une nouvelle source de vexations et de travaux obligatoires. A Ostroumdscha, et près de Kostendil, on cite des mines de cuivre et d'argent, et près d'Ochrida des mines argentifères. Le mont Vitosch, près de Sophie, a la réputation d'être très métallifère; on y cite non seulement des minerais argentifères, mais même de l'or. Tout en doutant de l'exactitude du dernier fait, l'autre est probable, puisqu'il y a encore des traces de très anciennes mines. Dans le Rilo-Planina, un jeune moine nous a aussi parlé de mines, dont ses confrères prétendaient ne rien savoir. Cependant la composition du Rhodope est telle, qu'on doit y soupçonner par analogie des minerais. On dit qu'il y a eu des mines argentifères, près de Nevrecop, et il existe des mines de fer sur la route de cette ville à Despot-Jailak et à Philippopoli, et des forges à Jélovtzi, au S. de Nevrekop, et près de Beretkeli. Les Anciens citent même des mines d'or dans la partie du Rhodope, au N. de Drama.

En Asie mineure, le prolongement du Rhodope offre à Maden, dans les schistes cristallins et les granites de l'Ida, des filons de galène argentifère; mais les grands dépôts cuivreux de l'Asie orientale (à Tokat près de Trebizonde) ne se revoient pas dans la Turquie d'Europe.

Des sables aurifères sont dits exister dans certains torrents, qui descendent des montagnes de schistes cristallins au N. de Prilip. M. Pouqueville y parle même de trace de minerais argentifères (?), et il assure avoir vu des orpailleurs zingares occupés à leur métier sur les bords du Bilischta, près de Kroupistas. Des toisons et des couvertures leur servent à recueillir les paillettes d'or, qui doivent provenir probablement des talcschistes. Les eaux formant l'Indge-Karasou resteraient aurifères jusqu'à Phili dans le canton de Greveno.

Dans l'*Albanie*, on prétend aussi çà et là qu'il y a des métaux précieux, ce qui est probablement faux ; quoiqu'il y ait plusieurs cours d'eau du nom d'Ergent, dénomination plutôt dérivée du brillant du courant ou de la fertilité de leurs bords, comparée à l'aridité des montagnes voisines. Cependant le mont Ergenik, au S. de Tepelen en Épire, peut contenir quelque peu de plomb argentifère, puisque les anciens paraissent en avoir tiré de ces lieux. On ne peut guère admettre qu'avec beaucoup de doutes les citations de M. Pouqueville sur l'antimoine et le cuivre dans des montagnes autour du cours supérieur du Mavropotamos, quoiqu'il puisse y avoir quelques petits filets de cuivre dans l'une ou l'autre masse de serpentine de l'Épire.

En *Valachie*, on exploite du sel à Pizineaga, dans le district de Bouseo, à Slanikoul (district de Sekoujani), à Oka-Mare (district de Voultscha), à Akra près Kimpina (district de Braovo).

A Baja d'Arama, dans la petite Valachie, M. Etimosko a rouvert, en 1837, des mines de cuivre pyriteux accompagné supérieurement de fer sulfuré, et y a employé MM. Pönar et Schüler. Les Autrichiens y avaient travaillé il y a plus de quatre-ving-dix ans. Comme dans le Marmarosch, les minerais remplissent des petits filons qui n'ont pas de direction constante. La roche est du schiste argileux passant quelquefois au micaschiste, et associée avec du diorite et de la serpentine. Les réseaux cuivreux se prolongent dans ces dernières masses. Ce gîte aurait, d'après M. Schuler (Voy. *N. Jahrb. f. Min.*, 1838, p. 55), 3 milles de long. De plus, une eau chargée de parties cuivreuses y dépose du carbonate de cuivre bleu. Le minerai donne 25 pour 100 de cuivre. Les environs sont recouverts, d'après M. Schüler, de grès carpathique, et dans un vallon voisin, le calcaire crétacé est plein de cavernes, dans l'une desquelles une rivière souterraine forme une cascade, et sort à 1/2 l. de là des rochers sous le nom d'Apa-Mare (grande eau) ou Boulba, nom venu du bruit qu'elle fait. Elle se réunit au Brebena et au Motra ; et se jette dans le Schy.

Plusieurs rivières de la grande Valachie charrient du sable aurifère, et M. Schuler raconte avoir découvert dans les montagnes, vers la source du Tscherna, de l'or natif dans des filons de quarz du schiste argileux.

## § 8. Eaux minérales.

Les eaux minérales connues en Turquie sont la plupart thermales et hydrosulfureuses ; parce que les Turcs recherchent cette espèce d'eau, à cause de leur habitude de se baigner très souvent. Par contre, ils ne font guère attention aux eaux minérales froides, de manière qu'à l'exception de quelques eaux acidules salines, le voyageur ne peut arriver que par un hasard à la connaissance de pareilles eaux.

Les *eaux chaudes* se trouvent dans toute la Turquie, à l'exception de la Bulgarie et de l'Albanie. Elles sont alignées du N. au S., ou bien sur le pied des chaînes ; au centre de la Turquie, et alors en relation avec les trachytes. Dans le *N.-E. de la Servie*, le pendant des eaux de Mehadia, dans le Bannat, se retrouve dans le Bania, près de Brestovatz, dans le Bania au N. d'Aleksinitze, dans le Bania à Sverlik (dans le bassin du Timok), dans le Bania à l'E. de Nisch, et dans le Bania près de Ribare, à 2 l. de Krouschevatz ; au pied du Jastrebatz. A l'exception de cette dernière source, la plupart de ces eaux sourdent en apparence du terrain crétacé inférieur ; mais le sol des schistes cristallins est toujours très voisin, et les autres eaux en sortent.

On peut réunir ensemble les eaux du bain de Toplitza, au S.-O. de Kourschoumli, en Moesie ; celles du bain de Bagniska ; celles du vallon de l'Ibigaska-Rieka, à 1/2 l. au N.-E. de Novibazar ; celles dans le vallon de Josehanitza, sur le pied N.-O. du mont Jelin, en Servie ; et de Gratschanitza, sur le Jalla, dans le N.-E. de la Bosnie. Toutes sourdent sur une ligne environ N.-O.—S.-E. du sol crétacé, en partie modifié, et celle de Novibazar paraît un reste de l'action ignée, qui a produit les trachytes de ces environs.

En Bosnie, on doit réunir sur une même ligne S.-E.—N.-O. les sources thermales hydro-sulfureuses d'Ilidga, dans le Doliane, à 3/4 l. à l'O. de Serajevo, celles sur le bord oriental du Verbas, à Bania-Louka et dans les environs de Slatina, au N.-E. de cette dernière ville. Nous verrons plus tard que ces eaux, les seules qui soient en même temps acidules en Turquie, se lient avec de véritables sources acidules froides.

Au *centre de la Turquie*, une zone ignée E.-O. nous est indiquée par les eaux thermales suivantes, qui sortent de terre tantôt au S., tantôt au N. des chaînes de cette partie de l'empire turc. Non loin de la mer Noire, à 2 l. 1/2 à l'E. d'Aidos, et à peu de distance du pied du Balkan, il y a dans le sol pyroxénique un bain thermal sulfureux, connu de toute ancienneté, et très visité en été, quoique le bâtiment soit isolé, et sans autre habitation que des huttes qu'on érige provisoirement. Certains baigneurs paraissent même coucher sur leurs charriots en partie couverts (1). Sur la Tondja, près du pont à 3 l. à l'E. de Kezanlik, on retrouve au milieu d'alluvions granitiques, une eau semblable et un bain en ruines, tandis qu'entre ces deux sources, il y a celle de Berki, près de Jeni-Sagra et celle d'Hasskoë, à E. d'Andrinople. D'un autre part, en avançant plus à l'E., on remarque à l'autre extrémité du bassin supérieur de la Tondja, le bain thermal de Bania, près d'Hissar et de Lia, à l'O. de Kalofer; et au S. de la chaîne d'Eski-Sagra, sont les eaux semblables d'Usundschova. Toutes ces dernières sources sourdent du sol schisteux, plus ou moins cristallin ou primaire. Elles doivent probablement se rattacher à des éruptions trachytiques, qui ont eu lieu tant au S. d'Ousoundschova, qu'entre Jeni-Sagra, Jamboli et Karabounar, comme celles d'Aidos aux éruptions du porphyre pyroxénique.

Si telles sont les eaux du pied méridional du Balkan, nous en trouvons d'autres toutes semblables au pied septentrional du *Rhodope*. Dans ce cas sont celles de Bania, qui donnent

(1) La source thermale citée par M. Walsch, entre Roumelikeï et Aidoli, est-elle autre chose que celle visitée par nous?

lieu à un bain bien connu et au curieux marécage d'eau chaude appelé Batak-Banese, à 1 1/2 h., au N.-E. de Banja, sur un sol granitique et de schiste cristallin. Les eaux célèbres de Sophie n'en sont séparées que par les contre-forts du Haut-Vitosch, et sourdent d'alluvions. Elles peuvent dépendre du plateau de porphyre pyroxénique au N.-O. de Sophie, et être en quelque connexion avec le soulèvement du Vitosch. Plus à l'O. viennent les bains de Djoumaa et les sept sources de Kostendil, qui ont été connues fort anciennement des Romains et des Grecs, et offrent plusieurs bains commodes en pierre. Elles sortent encore du sol schisteux cristallin.

En-deçà de la chaîne au N. d'Égri-Palanka, se trouve à 2 l. à l'E. de Vrania, le petit bain thermal de Bania, à 1/2 l. S. de la Morava. Sur le Vardar en *Macédoine*, une eau semblable existe à Bania, près de Keuprili, une autre à Bania, dans le haut de la vallée de Potok, à l'O. de ce dernier bourg. On en retrouve dans le calcaire crétacé à Dibre-Sibre, et sous l'escarpement calcaire énorme, qui supporte la corniche de Crouja, sort d'une caverne un torrent d'eau plus ou moins blanchâtre et hydro-sulfureuse, suivant la quantité plus ou moins grande de pluie tombée. Un torrent blanchâtre et puant, tout semblable, forme le Koukourli-Sou, à 3/4 h. au S. de Koula-Han, et à 2 1/2 ou 3 h. au N. du précédent.

Sur d'autres lignes, presque N.-S., peut-être en rapport avec certaines fentes occupées par le Vardar et les éruptions trachytiques, on trouve dans le sol schisteux cristallin de la Macédoine d'autres sources nombreuses. D'un côté, sont une source chaude sur le bord occidental et siénitique du Bregalnitza, à Novo-Selo, près d'Istib, le Hammam sur le Vardar; les bains de Stroumnitza, ceux près de Langasa, et entre Sedes et Vasilika, non loin de Salonique. De l'autre, on peut lier ensemble les Bania cités sur le Vardar, et à l'O. du Vardar près de Keuprili, le Bania près de Demir-Kapou (porte de fer), et plus à l'O. le Bania, entre Florina et Kailari, les eaux thermales de Castritza sur l'Hellada, aux Thermopyles, à 2h. au S. de cette rivière, entre Pera-Choria et Migiais, dans l'isthme de Corinthe, ainsi que dans la presqu'île de Methane, près du village des Saints-Apôtres, près de Patras, à Caravo, à 1 l. à l'E. de Pera-Metochi, près de Scaro-Chori dans l'Elide (1).

Dans le sol crétacé d'*Albanie*, on pourrait aussi former une ligne N.-N.-O.—S.-S.-E., avec la source thermale sulfureuse tiède de Spalato et d'Ombla, en Dalmatie, avec celle de Smrdiesch (puante), près de Gloutadolina (Glouhido), dans le coin S.-E. du Montenegro, au N.-O. de Scutari, avec les eaux déjà citées auprès de Croja, avec les thermes sulfureux près de Koutschiki, non loin de Karamouratadez en Epire, avec celles de Bonila, près de Janina, avec celles de Vroma-Nera (eaux puantes), dans le district du Venetiko, près du défilé de Kaka-Scala, près de Lepante en Etolie. (Voy. *Voyage de M. Pouqueville*, vol. IV, p. 8.)

Une autre ligne N.-S. se forme dans le *S.-E. de la Turquie* par les eaux thermales de la Tondja, celles d'Usundschova et de Berki, celles à l'O. de Fered ou Feredschik, celles de la Samothrace, celle à l'E. de Caloni, dans l'île de Mytilène, etc. Toutes ces eaux paraissent liées à des éruptions trachytiques.

Cette abondance d'eaux thermales se continue de l'Europe en Asie. Ainsi d'abondantes sources chaudes sortent du pied de l'Olympe à Brousse (faubourg Tschekirdsche), à Kœkourdli dans la plaine voisine, sur la pente du plateau, où était bâtie Alexandria-Troas, à Smyrne, à Ilidja sur la rive méridionale du golfe de Vourla, au S. de Mandragora, entre Smyrne et Brousse, à 7 milles à l'E. de Singerli, au pied septentrional du Demirdgi et auprès des Katakaymeni ou de Koola.

Elles y sont probablement en relation avec les trachytes, les diorites et les serpentines dans ces contrées. D'une autre part,

(1) *Voyez* la partie géologique de l'*Expédition de la Morée*, par MM. Boblaye et Virlet.

la Hongrie, l'Illyrie, la Styrie et l'Autriche présentent aussi d'assez nombreuses sources du même genre. Ainsi en Hongrie on peut citer, sur des lignes N.-S. ou N.-O.—S.-E., les sources de Tapoltza, près de Siklos (comitat de Baranya), celle de Bude, celle de Petze, près de Grosswardein, celle de Glusshütte, près de Schemnitz, celle de Pischtyan sur le Wag, de Wag-Besztertze, de Teplitz, près de Silein, etc. En Autriche, on connaît celle de Voselau, de Bade, de Medling; en Styrie celle de Neuhaus, près de Cilly, de Toplitza, etc.; en Illyrie, celle de Monfalcone, près de Trieste, qui a 32° R.

Une circonstance remarquable est l'uniformité de composition chimique de toutes ces eaux chaudes, car elles sont toutes plus ou moins hydrosulfureuses. Il y en a, à la vérité, qui le sont extrêmement peu, comme celle des deux Bahia, près de Nisch, d'Aleksinitze, de la Troade, etc., mais cette diminution dans l'hydrogène sulfuré peut s'expliquer naturellement par son dégagement, occasionné à cause du cours plus long que ces eaux ont eu à parcourir sous terre. Il en est de cela comme de la température, car si cette dernière offre beaucoup de variations d'une source à l'autre, il me semble que ces différences doivent tout autant provenir du genre de milieux traversés, de la rencontre d'eaux froides, du niveau ou du débouché des sources, ainsi que de l'intensité variable de l'agent ignée, qui leur donne cette température élevée.

Ainsi à Dibre-Sibre (Dibre supérieur), il y a une eau thermale hydro-sulfureuse, qui sert de bain, et est assez tiède pour qu'on ne la trouve que chaude en y entrant et non en y plongeant la main, tandis qu'une autre eau est froide laiteuse, hydrosulfureuse et styptique. Or, c'est exactement le pendant de deux sources sous Crouja, dont celle au N. de Lous-Han n'a que 20 à 24° de température, et celles sous Croja 15°, l'air étant à 25°. Ces eaux sortant de longues et vastes cavernes, et y rencontrant de plus des eaux froides, elles sont privées de leur chaleur primitive, et leur imprégnation d'hydrogène sulfuré a été fortement diminuée. D'après M. Strickland, une eau toute semblable sourd du même terrain sur la côte septentrionale de l'île de Zante, et n'a qu'une température d'environ 18,3° R.

Quelques unes de ces eaux ont déposé jadis beaucoup de tuf calcaire, et indiquent ainsi qu'elles contenaient de l'acide carbonique et de la chaux. Nous pouvons citer pour exemple l'eau de Bania, près de Nisch, sans odeur d'hydrogène sulfuré; elle laisse encore échapper un gaz dont la chaleur paraît au baigneur plus grande que celle de l'eau. Un semblable dépôt se retrouve aussi aux Thermopyles et à Brousse en Asie, où il occupe une étendue de 3/4 de l. sur 1/4 de l. de largeur, et forme une épaisseur de 100 p. A Baden, près de Vienne en Autriche, une masse de tuf calcaire indique par ses coquillages, dont une Paludine n'existe plus dans le pays, que c'est une formation bien ancienne de la source.

Nous avons tâché de prendre toujours la température le plus près possible de la sortie des eaux de la terre ou du rocher; mais cela n'est pas toujours praticable, à cause des constructions qui recouvrent ces points. Ceci peut déjà servir à faire apprécier en partie la différence des résultats obtenus. La température de ces eaux est la suivante : à Ilidga, près de Vourla 56° C.; à Katakaymeni 50° 5' C.; dans la Troade 60°; dans la Samothrace 47,5° a 54° d'après M. Virlet; à Brousse 184 F., ou 42 à 84° C. (d'après M. de Verneuil); à Lya 36,4 à 37° R., et la source extérieure 40°; à Hissar, le bain principal, 36°; le bain des femmes, à l'O. du fort, 35,4°, et le bain commun 34,4°; à Sophie, 34 à 35° R.; à Bania sur la Tondja 45 à 46° R.; à Bania, au pied du Rhodope, 44° à 45 R.; au Bâtak Banese (à 1 l. au N.-E. de Bania) 46°; à Kostendil, où il y a 5 sources, à la source où on lave, 58 1/2°; dans le bain, près de la mosquée, 55°; dans un bassin, dans un jardin, 54°; dans un autre endroit 47°; à Novo-Selo 54 à 55°; à Bania, près de Vrania, 48° (?); à Bagniska 36°; à Bania près de Nisch, et aux bains près de Novibazar, 34 à 35°; à Bania près d'Aleksinitze environ 35°; à Fered 34°; à Aidos 33°; à Dibre-Sibre 32°. Celle des Thermopyles a, suivant le Dr Holland, 103 à 104° de F., ou environ

40° C. On peut cuire des œufs dans les eaux de la Samothrace, et dans celles de Mehadia dans le Bannat. Il est remarquable de trouver des ulves ou des conferves dans les bassins d'eau chaude, près de la Tondja et à Ilidga, près de Serajevo.

Les sources qui contiennent le plus d'hydrogène sulfuré libre sont celles de Novibazar, de Sophie, de Kostendil, d'Aidos, de Vasilika et de la Samothrace. Les autres en contiennent toutes, mais il n'est pas toujours perceptible à l'odorat, comme par exemple à Bagniska, et sa présence n'est décelée que par les réagents chimiques. Nous n'avons pas réussi à y constater la présence de l'azote, quoique par analogie on puisse en soupçonner au moins dans quelques unes de ces eaux. Celles que nous avons examinées nous ont offert toujours plus ou moins de sulfates de magnésie et de soude. Dans celles de Bagniska, de Sophie et de Bania, au pied du Rhodope, il paraîtrait qu'il y a un peu d'hydrochlorate de chaux, et à Sophie peut-être aussi de l'hydrochlorate de magnésie. A Mytilène, Olivier y cite aussi des sels apéritifs.

Les *sources acidules froides* ne sont guère connues qu'en Servie et Bosnie dans le sol crétacé, comme à Hassam-Pascha-Palanka, à Boukova, près de Verbitza (N. de Kragoujevatz), à Slatina, près de Verbnitza (à 3 l. S.-O. de Krouschevatz), peut-être dans la Tzerna-Rieka, sur la rive occidentale de l'Ibar, à 1 l. au N.-O. de Roudnitza (dans le Paschalik de Novibazar), à Lepenitza, près de Korpina, entre Zvornik et Serajevo, à Kiseliak ou Kiselihan (auberge acide), près de Jarmazov, à l'O. de Serajevo, au Malakiseliak (petit Kiseliak), fontaine à 1 l. de Joavatz près de Kobila-Glava (tête de jument) (à 2 l. S.-E. de Bousovatz), près de Slatina, au N.-O. de Bania-Louka et à Kisela-Voda, près de Donie-Touzla. Il y en a aussi sur la pente occidentale du mont Lioubouschka, non loin de Douna ou Douvno en Herzegovine, à Verlika en Dalmatie, ainsi qu'au bord du torrent au couvent de Detschiani dans la Haute-Albanie, à 1 l. 1/2 au S. de Katschanik, dans le lit du Lepenatz et à 1 l. de Kalkandel en Macédoine.

En Herzegovine et Dalmatie, le calcaire crétacé moyen entoure ces sources; à Katschanik, l'eau sourd de micaschistes; à Detschiani, au contact de la serpentine et des schistes crétacés, et ailleurs du milieu du sol crayeux inférieur, à l'exception de la source de Roudnitza, où les porphyres siénitiques forment le terrain.

L'eau de Hassam-Pascha-Palanka ressemble tout-à-fait à l'eau de Seltz, c'est-à-dire est fort gazeuse, très légèrement saline et ferrugineuse. Celle de Boukova est un peu plus saline; celle de Roudnitza est très faiblement acidule, mais celle de Lepenitza l'est beaucoup plus, et renferme des sels purgatifs; celle de Jarmazov est surtout excellente et très gazeuse, aussi s'y rend-on en foule au mois de juin depuis Serajevo et d'autres villes de Bosnie.

Celle de Verbnitza est une eau de Seltz peu forte et très légèrement saline; cette source sourd d'un terrain argileux alluvial. Comme on n'a pas eu soin d'en faciliter l'écoulement, l'eau a détrempé tout le terrain, et un tel marécage entoure la source qu'on ne peut s'y aventurer que sur des poutres, et même, dans les temps de pluie, cela doit devenir impossible.

Les eaux acidules du centre de la Bosnie sont fort remarquables, parce qu'elles semblent un appendice des eaux thermales hydro-sulfureuses, et sourdent avec ces dernières sur une faille N.-O.—S.-E., parallèlement à la direction des montagnes. En effet, elles contiennent toutes plus ou moins d'hydrogène sulfuré, tandis que les eaux thermales d'Ilidga, près de Serajevo et de Bania-Louka, sont acidules et peuvent se boire pour cela sans dégoût. La source de Kiseljak est la plus chargée d'acide carbonique, et celle de Kobila-Glava et les eaux thermales acidules sont les plus faibles.

La source de Kiseljak sourd presque au niveau et à côté du Lepenitza, et s'est rehaussée un peu en liant les cailloux de la rivière par un ciment calcaréo-ferrugineux. Dans le milieu de cette masse de poudingue alluvial, on a taillé autour des sources un carré qu'on a entouré de planches et d'une barrière. Les trois auberges près de là ne suffisent pas en été pour contenir les personnes qui viennent quelquefois de fort loin pour boire ces eaux. Des huttes de feuillage abritent le surplus des étrangers. L'eau de Kiseliak a une température de 8° R., l'air étant à 14°; et l'acide carbonique libre s'en échappe à gros bouillons ou par bouffées, et en si grande abondance, qu'on ne peut se tenir long-temps accroupi près de la surface de l'eau, sans ressentir certains effets désagréables provenant de ce gaz délétère. L'eau dépose comme à Pyrmont une espèce de sédiment jaunâtre ferrugineux. Cette eau fort acidule et agréable à boire paraît, d'après nos essais chimiques, contenir surtout des hydrochlorates et des hyposulfates de soude et de chaux, et un peu de carbonate de chaux et de fer. Comme il y a sur la même ligne que les sources acidules et thermales de la Bosnie plusieurs eaux très ferrugineuses, comme à 1/2 l. à l'E. de Bousovatz, à 1 h. et 1 1/2 h. à l'O. du même lieu, il semblerait que les eaux minérales acidules ne prennent leurs parties ferrugineuses que dans les parties superficielles du sol.

La source de Lepenitza, près de Korpina, a à peu près la même composition que celle de Kiseliak, mais elle ne contient qu'environ la moitié de la quantité d'acide carbonique libre. La source tiède de Slatina, au N.-E. de Bania-Louka, sourd au milieu du sol argileux rendu marécageux, parce que l'eau manque d'écoulement. Cette eau, assez agréable à boire, y remplit un petit enfoncement carré où on peut se baigner, et quelques huttes de feuillages sont près de là. Du reste toutes les habitations en sont fort éloignées. La température des deux sources s'élève de 29 à 30° R. Elles ne contiennent qu'environ le quart de l'acide carbonique de celle de Kiseliak, et un peu d'hydrogène sulfuré libre. Leurs parties solides sont surtout de l'hydrochlorate de soude, avec un peu d'hyposulfate de soude, de carbonate de chaux, mais point de fer.

Les trois sources tièdes de Bania-Louka paraissent avoir été employées par les Romains, et donnèrent lieu jadis à trois bains à la turque, mais aujourd'hui il n'y en a plus qu'un qui ne soit pas tombé en ruine. Ces eaux seraient fort agréables sans un arrière-goût hydrosulfureux, et une odeur plus ou moins légère de ce gaz, suivant la température de l'air et la quantité de pluie tombée. Leur température est dans l'une de 19° R., dans l'autre 25°, et dans la troisième 26°. Elles contiennent, outre de l'hydrogène sulfuré et de l'acide carbonique libre, de l'hydrochlorate et de l'hyposulfate de soude et un peu de carbonate de chaux, mais nous n'y avons pu reconnaître la présence du fer, dont leur sédiment n'offre pas non plus de trace.

L'eau thermale d'Ilidga, à 3/4 h. à l'O. de Serajevo, comprend deux sources : l'une sourd de la fente d'un petit rocher calcaire sur la rive orientale du Jeleschnitza, à 5 min. au S. de la grande auberge du pont sur ce torrent. La fente courant O.-E. est garnie de chaux carbonatée fibreuse, et l'eau minérale se rassemble dans un carré creusé dans le roc et non couvert. Cette eau a une température de 31° 3/4 R., dépose un peu de soufre et contient des ulvacées. L'autre source sort à 20 min. au S. de ladite auberge, dans le lit du Jeleschnitza, au milieu des cailloux de la rive gauche, de manière qu'elle est fort sujette à être inondée. Une excavation carrée, et couverte d'un treillis de branches d'arbres, y recueille l'eau et sert de bain. Cette eau, légèrement blanchâtre comme la précédente, a un goût acidule prononcé et une odeur très faible d'hydrogène sulfuré. Sa température est 32°, et elle contient encore, outre l'hydrogène sulfuré et un peu d'acide carbonique libre, assez d'hydrochlorate et d'hyposulfate de soude et un peu de carbonate de chaux.

Les sources acidules ne sont donc propres qu'à la Turquie occidentale où au sol crétacé et de schiste micacé et talqueux. En poursuivant ces terrains dans la Croatie autrichienne, la Hongrie et la Styrie, on retrouve aussi des eaux acidules semblables placées encore sur des lignes N.-O.—S.-E. Les plus célèbres sont celles autour de Rohitsch, sur la frontière de la Styrie et de la Croatie, et celles de Füred en Hongrie. Les eaux de Rohitsch sont plus salines que les eaux de Seltz, et celles de Füred sont ferrugineuses, et en rapport avec les éruptions trachytiques du milieu de la Hongrie. Il est encore intéressant de remarquer que les mêmes eaux sont particulières environ aux mêmes dépôts cristallins en Bohême (Eger), Nassau et dans les Vosges. Probablement on découvrira en Turquie encore bien d'autres eaux acidules.

Une *source hépatique laiteuse* sourd du gneiss, entre Likovan et Gumentsche, au N.-E. de Salonique. Il est possible qu'on doive la rattacher aux eaux thermales hydrosulfureuses, à l'égal des torrents d'eau semblable de Crouja et de Dibre-Sibre, en Haute-Albanie. Une *source froide*, assez fortement imprégnée d'*hydrogène sulfuré*, et contenant très peu de fer, est employée à Vischnitza, à l'E. de Belgrade. Une autre existe, d'après M. Vouk Stephanovitch, sous l'ancien château de Kovilatscha, au pied du mont Goutschevo, à moitié chemin de Losnitza et du passage de la Drina pour aller à Zvornik. Ce passage s'appelle *Smerdian*, à cause de cette eau qui forme aussi le marécage de *Smerdliva-Bara* ou le marais puant. On en connaît aussi à Grojischt, et sur la route de Baken et Roman, sur le Sereth, en Valachie, ainsi qu'au Bend ou réservoir du sultan Mahmoud, dans la forêt de Belgrade sur le Bosphore.

Des *sources ferrugineuses* existent en Bosnie près de Bousovatz et ailleurs, a 2 h. de Kalkandel, dans le Schar; dans le Balkan d'Etropol, en Bulgarie, et dans le district de Niamz, en Valachie. On cite une source minérale, peut-être ferrugineuse, sur la route de Constantinople aux Eaux douces. L'eau près de Kalkandel dépose du travertin.

M. Pouqueville cite des *eaux salées* sourdant d'un rocher au S.-O. de Janina, près de Paramythia, sur les bords du Philat, ainsi qu'à ces sources. Une eau saline très purgative se trouve à Kovaschitza, à 5 h. au S.-E. de Mitrovitza, dans la Nahie de Vouschitrn. Un grand verre est suffisant pour purger, ou même pour faire vomir.

D'après M. Pouqueville, il y a à Drovi, sur la Bistritza, près de Delvino, dans l'Epire, des sources salées dont les habitants extraient du sel par ébullition, et une source semblable, nommée Armyros, existe dans le même pays, non loin du lac

Pelode, près de Kephalo-Vrisi, à 1/2 l. à l'E. de Zara, près de Buthrote (Butrinto). M. Pouqueville mentionne aussi une eau salée sur le Reili, à l'entrée de la plaine Thria, dans le N. de l'Attique (*Voyez son Voyage*, vol. IV, p. 113).

Des *eaux muriatifères* sont employées en Bosnie pour l'extraction du sel blanc de cuisine, à Donie et Gorni Touzla (Touzla inférieur et supérieur), à l'O.-N.-O. de Zvornik. Les personnes qui en extraient le sel paient une ferme (*arenda*). Il y a aussi une source salée, dit-on, près de Joschavitza, dans l'Odjak de Derbend, et une autre à Slatina, au N. de Gradaschatz. Les paysans de la Bosnie septentrionale prétendent qu'il y a du sel (?) à Douboka, à 6 l. de Derbend, et sur le Vertatsch-Planina. Ces eaux sont remarquables en ce qu'elles sourdent du sol crétacé; elles seraient le pendant de celles des Pyrénées; mais on ne connaît pas encore de gypse en Bosnie. Si elles devaient indiquer nécessairement des couches de sel, ce que nous ne pensons pas, la recherche de ces dernières deviendrait fort importante pour la Bosnie, car toute la Turquie, excepté l'Albanie maritime, s'approvisionne avec le sel en roche de la Valachie.

Nous ne connaissons pas de *sources à pétrole* en Turquie, mais il y en a une bien connue dans la plaine marécageuse du Port-Chéri, dans l'île de Zante. D'après M. Strickland, le terrain voisin est crétacé et subapennin.

### § 9. Comparaison du sol de la Turquie avec celui des pays environnants.

Considéré en grand, le sol de la Turquie d'Europe ne paraît être formé que par une bifurcation du prolongement S.-E. d'une partie des Alpes. En effet, de même qu'en Styrie et Carinthie, la chaîne alpine se divise en branches N.-E. et S.-E. Cette dernière ayant atteint la Mœsie supérieure, se partage en portion orientale et portion S.-S.-E., tandis qu'entre ces deux massifs secondaires reparaissent, comme dans le centre des Alpes, d'énormes montagnes de schistes cristallins. Ces dernières, accompagnées des mêmes contre-forts secondaires arénacés et calcaires, s'étendent dans l'Archipel ainsi qu'en Asie mineure, et supportent même dans le Taurus, comme en Turquie, d'énormes dépôts crétacés, en même temps que ces derniers couvrent sur les deux côtés de la Turquie; comme en Syrie et en Égypte, de vastes surfaces de pays.

Comparées aux Alpes, les chaînes cristallines de la Turquie d'Europe et d'Asie s'en distinguent en contenant infiniment plus de bassins, et un grand nombre de grandes cavités remplies de dépôts tertiaires, sans le phénomène des blocs erratiques, quoique le dépôt des Météores, en Thessalie, semble indiquer un pareil événement pendant l'époque tertiaire. Elles sont percées aussi de grandes éruptions trachytiques, qui n'existent que çà et là, en-delà du pied des Alpes, tandis que dans l'Orient elles sont au milieu du sol cristallin, et l'activité volcanique s'y manifeste encore, non pas seulement par une abondance de sources thermales plus grande que dans les Alpes, mais encore par des volcans récemment éteints, et même par des volcans insulaires. D'une autre part, si les trachytes manquent dans les Alpes, on y voit dans le Tyrol méridional, et à son extrémité S.-O., du porphyre secondaire, qui ne se retrouverait tout au plus qu'en un point du Balkan méridional. Dans les Alpes, les porphyres pyroxéniques sont sortis en abondance au milieu des terrains secondaires, sur le versant méridional, ce qui a eu aussi lieu, en moindre quantité, dans la Turquie centrale et sur le bord de la mer Noire. De plus, des siénites existent dans plusieurs points des Alpes, et les serpentines y forment çà et là d'énormes dépôts, au milieu de schistes cristallins. Or, en Turquie, il existe aussi de ces produits, et les roches siénitiques y ont une distribution locale analogue, tandis que les éruptions de serpentine se sont fait jour surtout dans le sol crétacé, et seulement dans la Turquie occidentale et centrale. Les produits ignés de cette partie de la Turquie offrent les plus grandes ressemblances avec ceux de l'Italie, et les serpentines y sont associées avec les mêmes euphotides, les mêmes brèches, les mêmes jaspes et d'autres roches altérées. Plus d'un massif de calcaire cristallin y rappelle le groupe de Carrare. Enfin des trachytes se sont fait jour quelquefois sur les mêmes lieux où avaient percé auparavant des serpentines, position qui se reproduit sur les frontières de la Toscane et de l'État papal. Mais à ces produits sont venus s'ajouter le diallage en roche et le diorite des Pyrénées, qui manquent presque en Italie comme dans les Alpes. Néanmoins, malgré ces dissemblances entre les associations des roches ignées dans cette dernière chaîne et la Turquie, la certitude de l'époque récente des éruptions de ces matières en Turquie, en Italie et dans les Pyrénées, sert à fixer celle où les grandes Alpes en ont été percées.

Comparée aux pays environnants, la Turquie d'Europe présente, dans sa partie adriatique et N.-O., la contre-partie de la péninsule crétacée italique, avec cette différence, que les roches arénacées prédominent plutôt en Italie, et le calcaire en Turquie, et que le terrain subapennin n'y fait que couvrir certaines anses de rivage, de manière à faire soupçonner qu'une bonne partie de la mer Adriatique recouvre un sol semblable démantelé. Le type italien se retrouve plutôt dans le Balkan ou la Turquie orientale, mais on y revoit de plus la craie verte et grossière de la zone moyenne de l'Europe. Au contraire, dans la Turquie occidentale, le type des Alpes s'est conservé, moins les gypses, et y donne lieu surtout aux anomalies minéralogiques de cette chaîne dans les plus hautes crêtes crétacées de la Turquie. Ce n'est, en un mot, que la continuation des énormes dépôts de la Croatie, de l'Istrie, de la Carniole et de la Carinthie. Si l'Istrie et la Dalmatie sont évidemment crétacées par leur système à Hippurites et Nummulites, les bords turcs de l'Adriatique, comme les îles Ioniennes, le sont aussi, tandis que plus avant dans la Turquie on se trouve dans les Alpes de la Carniole, de la Carinthie, et même dans quelques uns des dépôts problématiques de Glaris. D'une autre part, on cherche en vain en Turquie ces dépôts du versant septentrional des Alpes, dont les fossiles sembleraient indiquer une époque de formation antérieure aux roches les plus inférieures du grès vert, tandis que des amas de poix minérale, dans le système nummulitique turc, paraissent le pendant des parties bitumineuses, qui colorent en noir tant de calcaires des Alpes, ce qui n'a pas lieu en Turquie.

Cette énorme étendue de dépôts crétacés a été formée dans un bassin entouré d'îlôts de schistes cristallins, représentés encore par certaines parties des Alpes centrales, par la Corse, par la Calabre, par le sol ancien de la Turquie et de l'Asie mineure, et par les parties cristallines de la chaîne transylvaine et valaque, ainsi que des Carpathes et de la Pologne. Là-dessus sont venus les terrains tertiaires, dont la destruction a contribué grandement à la configuration actuelle de la mer Noire, de la mer Adriatique, et en général de la mer Méditerranée. Les dépôts arénacés tertiaires, en Turquie et même en Hongrie, sont en grande partie plus grossiers que ceux en Italie, ce qui semble indiquer, dans cette dernière contrée, un charriage plus lointain ou des courants d'eau moins forts.

La Grèce n'est que l'identique de la Turquie méridionale : tous les mêmes terrains et les mêmes dépôts existent dans les deux pays, et cette similarité se soutient jusque dans ces masses d'agglomérats tertiaires, qui ne sont que la contre-partie des molasses des Météores en Thessalie. Plus au N. on ne les revoit plus. Le système de schiste et de marbre de MM. Boblaye et Virlet répond à certaines parties de notre sol primaire demi-cristallin, qui est entouré d'une manière anomale par le calcaire crétacé ou les vrais schistes cristallins. Si on passe plus au S., les îles de Crète, de Rhodes, de Chypre, ne paraissent que des prolongements des terrains cristallin, secondaire et tertiaire de la Grèce; une fois en Afrique, on y revoit bien le sol tertiaire et les énormes dépôts crétacés à Nummulites des bords de l'Adriatique; mais le sol ancien s'y montre bien plus cristallin, granitique et siénitique qu'en Turquie, et surtout le manque de hautes chaînes différencie complétement le sol ancien de la Nubie de celui de la Turquie d'Europe et d'Asie. Ce n'est qu'en Abyssinie et en Arabie que les roches granitoïdes atteignent une hauteur considérable, et dans l'Afrique occidentale reparaissent seulement des roches secondaires qui peuvent être plus anciennes que le système crétacé. De plus, l'Abyssinie semble présenter des dépôts basaltiques qu'on cherche vainement dans les districts trachytiques de la Syrie, de la Mésopotamie, comme dans la Turquie d'Europe et même d'Asie.

Ces deux portions de l'empire ottoman paraissent composées exactement des mêmes grandes formations, savoir ; les schistes cristallins avec les granites, les terrains crétacés, les dépôts tertiaires, marins et d'eau douce, les roches ignées récentes, trachytiques et autres. De petites portions de terrain primaire (intermédiaire) s'observent dans les deux Turquies. Les différences essentielles dans la géologie de ces contrées sont qu'en Asie les dépôts tertiaires d'eau douce paraissent plus abondants qu'en Europe, que les dépôts trachytiques y sont sur une échelle encore plus grande, et qu'il y a des volcans éteints avec des laves basaltoïdes. Le phénomène des blocs erratiques paraît étranger à ces deux pays comme à tout le S.-E. de l'Europe.

Si on porte les yeux vers le N., on trouve en Podolie les mêmes dépôts primaires à Trilobites que sur le Bosphore, mais en Turquie ils sont fort inclinés, à distance des chaînes crétacées, tandis qu'en Podolie ils sont presque horizontaux et recouverts de craie.

Le type des formations hongroises et transylvaines se prolonge jusque dans la Turquie centrale. Le Balkan et la Servie sont les pendants des Carpathes et de la Transylvanie. Les porphyres siénitiques de la Hongrie septentrionale et de la Transylvanie et du Bannat percent aussi le sol crétacé inférieur en Turquie, et le groupe métallifère de Karatova avec ses trachytes, ses porphyres molaires et ses agrégats ponceux, n'est qu'un second Schemnitz. Les mêmes sources thermales hydrosulfureuses et quelquefois acidules y sourdent encore dans les deux pays sur d'anciennes failles ou près des éruptions ignées. Les eaux acidules de Bosnie et de Servie, quoique éloignées des trachytes, peuvent se rapprocher de celles de Borseg en Transylvanie, comme de celles de Verlika en Dalmatie.

Revenant au sol secondaire, nous trouvons, en Hongrie la même différence de terrain nummulitique évidemment crétacé et de terrain crayeux du type des Alpes, sans ces masses de dolomie et de calcaire fendillé de la Bosnie, qui ne se prolongent que dans la Croatie et la Carniole pour se retrouver sur les deux versants des Alpes. En Bosnie, des sources salées décèlent, comme dans cette chaîne peut-être, la présence du sel au milieu de roches crétacées, à l'instar de ce qui a été observé dans les Pyrénées.

Le sol tertiaire du N.-O. de la Turquie, n'est qu'une dépendance de celui de la Hongrie et de l'Autriche. Hors de cette portion de l'empire, ce n'est qu'en Valachie qu'on en trouve tout-à-fait l'analogue, en y observant comme en Transylvanie et en Gallicie de grands dépôts de sel et de lignite. Mais si on compare la composition de ces dépôts avec ceux du reste de la Turquie, on remarque au S. des chaînes du centre de ce dernier pays, que l'eau douce a eu, comme dans l'Asie mineure, plus de part à leur formation que l'eau salée. On ne peut pas non plus manquer d'observer en Turquie l'absence presque totale des lignites tertiaires de la Hongrie, et une moindre quantité des molasses grossières du pied septentrional des Alpes. D'un autre côté, les matières alluviales indiquent qu'en Hongrie, comme en Valachie et dans d'autres bassins turcs, ces cavités ont été long-temps occupées par des lacs d'eau douce.

En-deçà de la mer Noire, enfin, on ne voit dans la Crimée et le Caucase que la continuation des terrains des Carpathes, du Balkan, de la Turquie et de la Transylvanie. Le Balkan, réunissant le type crétacé italique à celui de l'Europe moyenne, paraît approcher le plus du système crétacé de la Géorgie et du Caucase où les dépôts trachytiques atteignent, à l'instar de l'Ararat et de l'Ardeus, des hauteurs considérables, et un développement encore plus grand qu'en Turquie, tandis que certaines vallées reproduisent les associations de roches de Karatova, de Matrovitza et de Glasshutte en Hongrie. D'une autre part, on revoit en Crimée et dans le Caucase les diorites des Carpathes et des Pyrénées, et les salses de la presqu'île de Taman n'ont leur analogue qu'en Sicile et sur la mer Caspienne. Quant aux dépôts stratifiés, MM. de Verneuil et Huot, ont découvert dans la Crimée, outre la craie et des roches primaires, du calcaire jurassique et néocomien; dont le premier au moins n'existe pas en Turquie, tandis qu'on y chercherait en vain ces faluns maritimes récents de la Chersonèse.

Le sol tertiaire géorgien-arménien, celui même de l'Euphrate et du Tigre, ne sont que la répétition de celui de la Valachie ou de la Hongrie; mais plus au N., dans la Russie méridionale, autour de la mer Caspienne, il s'y associe une masse de roches coquillières et de calcaire pétri de fossiles qu'on ne revoit pas en Turquie, tandis qu'ils se prolongent de là à l'O. en Crimée, en Podolie, même en Gallicie et en Pologne.

Enfin, sur le Donetz en Russie, ressortent, comme en Pologne, des terrains primaires, savoir : d'après MM. Leplay et Kovalevsky, un terrain carbonifère, avec des houillères et peut-être des dépôts secondaires qu'on ne trouve pas plus dans les deux Turquies ou en Italie qu'en Égypte et dans tout le N. de l'Afrique. On y touche donc à la zone moyenne de l'Europe, où abondent, pour le bien de l'humanité, les combustibles fossiles, et où le géologue trouve plus de variétés de terrains et plus de fossiles qui les diversifient que dans la zone méditerranéenne. Aussi y voit-on les types de la craie de l'Europe moyenne avec ses fossiles ordinaires, dépôts qui ne dépassent pas le pied avancé septentrional du Balkan.

## § 10. Formation du relief de la Turquie.

Le sol de la Turquie présente des traces bien marquées de grandes révolutions dans les systèmes de ses rides, comme dans la position et l'étendue de ses terres, de ses vallées, de ses lacs, de ses mers à diverses époques. Malheureusement, la plupart des chaînes de la Turquie n'offrent guère à leur pourtour d'accidents de stratification propres à spécifier l'époque de leurs soulèvements ou de leurs affaissements. Plusieurs ont même des directions obliques à celles de leurs couches.

Dans la Bulgarie et la Romélie on trouve, il est vrai, des molasses inclinées au pied du Balkan, près d'Islivné et sur celui du Rhodope; peut-on en conclure indifféremment que le Balkan crétacé et le sol schisteux cristallin du Rhodope ont été soulevés à la fin de l'époque tertiaire? Ou bien n'est-il pas bien plus probable de soutenir cette thèse pour le Balkan que pour le Rhodope, où l'on ne trouve aucune formation entre ce sol si ancien et les molasses? D'ailleurs, le Rhodope n'a-t-il pas dû exister sous la forme d'îles bien avant la formation des dépôts du Balkan? Ne doit-on pas penser, au contraire, qu'il n'était qu'une portion d'un archipel d'îles représentées encore grossièrement par les chaînes centrales de la Macédoine, l'Olympe, le Schiroka-Planina, et les sommités schisteuses anciennes de la Servie méridionale et du Bannat? Quoi qu'il en soit, le relief de la Turquie montre clairement que les soulèvements du Rhodope se sont continués sur plusieurs lignes parallèles, à travers toute la Macédoine, et même dans la Chalcide septentrionale et l'Albanie inférieure, au S. du lac d'Ochrida. Peut-on aussi y lier ces sillons O.-N.-O. dans l'Épire, entre le lac Ochrida et la vallée de Vojoutza? Peut-on admettre que certains parallélismes entre le Balkan, certaines crêtes de la Thessalie et certaines montagnes de la Mœsie supérieure, de la Servie méridionale et de la Bosnie, sont les indices de soulèvements contemporains?

Dans le plateau de la Mœsie supérieure, les molasses étant horizontales dans les vallées principales des schistes micacés et talqueux, on a au moins une preuve que la plus grande portion de ces rides et beaucoup de leurs vallées existèrent déjà avant l'époque tertiaire, et peut-être avant l'époque crétacée, d'après ce qu'on peut entrevoir en Thessalie. En effet, ces dépôts tertiaires ont la même position dans les cavités du sol crétacé; donc, ne peut-on pas déjà reculer à la fin de l'époque crayeuse la formation de la plus grande partie du relief de la Mœsie, de la Servie et de la Bosnie? Voilà une de ces questions qui deviennent fort embarrassantes pour ceux qui, d'un autre côté, voudraient voir une liaison entre la direction N.-S. ou N.-N.-O.— S.-S.-E. et N.-O.—S.-E. des chaînes de ce pays et l'apparition des trachytes souvent en traînées ayant des directions semblables. D'un autre part, si ce relief d'une grande partie de la Turquie est assez ancien, d'où vient qu'il n'y a pas eu de formation de terrain houiller, et du moins de quelques uns des dépôts secondaires entre le terrain schisteux cristallin et la craie? Est-ce parce qu'il n'y a pas eu d'éruptions porphyriques secondaires?

Nous demanderons aussi à quelle époque on peut placer l'affaissement des montagnes qui a pu lier une fois le Rhodope aux montagnes de l'Asie mineure, ou si on doit regarder cette cavité comme un détroit originaire de mer? Puisqu'elle est remplie en partie de molasse, sa formation paraîtrait avoir précédé au moins l'époque tertiaire moyenne. Aller au-delà, serait se jeter dans de pures hypothèses. Du reste, il est difficile de déterminer le rôle que les trachytes ont pu jouer dans la modification du relief de cette cavité, si ce n'est qu'on peut concevoir que la Maritza coulant jadis de l'O. à l'E., dans la mer de Marmara, s'est jetée dans une fente N.-S., produite à côté de celle d'où sortirent les trachytes.

Si ces dernieres roches ont pu ainsi être accompagnées de fendillements N.—S., on ne peut pas leur attribuer toutes les fentes de ce genre qui sont en Turquie, car il y en a qui sont vides, et peut-être plus récentes, et d'autres qui sont remplies de roches tertiaires, comme la vallée de la Grande-Morava et une partie de la fente du Strymon à travers le Perin-Dagh. Ainsi, on peut attribuer aux éruptions trachytiques la fente N.-S., que l'Ibar occupe dans les porphyres siénitiques et le schiste crétacé altéré (?), celle du debouché du Raschka hors du bassin de Novibazar, et les fendillements profonds des montagnes de cette contrée. L'écoulement du lac de Novibasar a suivi cet accident.

Il y a des fendillements O.—E., qui ont l'air très modernes, parce que des cours d'eau les occupent, en coulant sur le roc vif ou ses débris ; néanmoins, on ne peut pas non plus généraliser cette conclusion théorique.

Les grands défilés du Danube, occupant des fentes N.-O.—S.-E. et S.-O.—N.-E., où il n'y a pas la moindre trace de dépôts tertiaires et même de Lœss, sont un accident alluvial, qui paraît s'être reproduit en Servie et en Turquie. On peut citer, comme exemple, les défilés de la vallée de Mlava, sous Krepolin et Gorniak, les défilés au confluent de la Morava serbe et de la Morava bulgare, le défilé entre le Kablar et l'Ovtschar, à l'E. d'Oujitze, le défilé du Sarigoul-Vardar, le défilé trachytique sur le cours moyen de l'Egridere, etc.

Le grand système N.-O.—S.-E., ou presque N.-N-O.—S.-S.-E. de la Turquie occidentale doit s'être établi au moins vers la fin de l'époque crétacée, puisque les dépôts de cette période y ont pris part, et qu'il y a des roches tertiaires déposées çà et là dans des vallées crétacées de la Dalmatie et de l'Épire. La craie supérieure blanche à silex et bélemnites manque malheureusement dans ces contrées. Néanmoins, il paraît qu'il y a eu des mouvements dans le même sens après les dépôts tertiaires moyens, car dans les îles Ioniennes, MM. Hamilton et Strickland ont décrit des couches subapennines coquillières, inclinées de 45 à 55°, près de Lixouri dans l'île de Céphalonie et sur le côté oriental de Zante. Ces dépôts sont appuyés sur les roches crétacées et n'ont pu se former ainsi ; il faut donc supposer un glissement ou un mouvement de bascule.

D'un autre côté, nous avons remarqué dans la Haute-Albanie, dans la montagne de Gabar au N. d'Elbassan, et à environ 1,670 p. d'élévation, une couche pétrie des mêmes fossiles qu'un lit à Cérithes, surmontant les argiles bleues de Vienne en Autriche. Or, le reste de la montagne, ayant l'air d'appartenir au système crétacé, nous ne trouvons à nous expliquer cette anomalie locale que par un soulèvement.

Peut-on lier la production des rides parallèles N.-O.—S.-E. dans la Thessalie maritime, la Chalcide et la Mœsie occidentale avec celles de l'Albanie et de la Bosnie? Ne doit-on pas admettre qu'avant ces soulèvements et ces redressements énormes, la Turquie occidentale avait subi de grandes modifications dans son relief par les soulèvements avenus pendant l'époque crétacée ancienne? ou bien, doit-on attribuer ces rides à des mouvements bien postérieurs? Ces soulèvements, ayant produit surtout le système des crêtes N.—S., n'ont-ils pas laissé des traces ineffaçables surtout dans la Bosnie? Si on pouvait encore supposer que les soulèvements O.—E. du Balkan postérieurs au dépôt des molasses, se fussent propagés sur les lignes parallèles jusqu'en Bosnie, on aurait ainsi l'explication de son relief si singulièrement quadrillé.

Si on trouve à s'expliquer, tant bien que mal, les trois systèmes principaux des rides de la Turquie, savoir : ceux N.—S., N.-O.—S.-E. et O.-E., quelle hypothèse peut-on proposer pour la formation des plus petits systemes N.-N.-E.—S.-S.-O. N.-E.—S.-O., O. 2° S. à E. 2° N., et peut-on réellement croire que le relief actuel du Rhodope, qui court O.-N.-O. à E.-S.-E., est une modification de l'epoque tertiaire moyenne contemporaine de celle qui a produit l'Hæmus courant O. 3° N. à E. 3° S et la chaîne valaque? L'inclinaison des roches tertiaires alluviales de Sirbin permet-elle d'assigner au Rhodope un âge plus récent ou au moins d'y supposer des mouvements posterieurs au soulèvement de sa plus grande masse; ou bien plutôt l'accident de Sirbin n'est-il que lié à la fracture N.-S. occupée par le Strymon? Quant à la première question, on trouve une concordance presque complète entre la chaîne de l'Hæmus et les parties méridionales et macédoniennes du Rhodope. Sa partie vis-à-vis du Haut-Balkan en a été peut-être violemment séparée. Pourrait-on proposer de ne voir dans le petit système O. 2° S. à E. 2° N., entre l'Hæmus et le Rhodope, qu'un accident arrivé au croisement des soulèvements O.-E. et N.-O.—S.-E., accident qui aurait aussi donné au Grand-Balkan une direction un peu différente de celle du reste de l'Hæmus?

Quant au système N.-N.-E.— S.-S.-O., comme il se prolonge dans le Bannat et y affecte le terrain houiller et le grès secondaire rouge, on a une donnée pour placer sa formation, au moins pendant le milieu de l'époque secondaire. Si on pouvait le lier avec l'apparition des porphyres siénitiques, il deviendrait un accident de l'époque crétacée moyenne. Il est remarquable de voir ces porphyres accompagnés très souvent dans le Bannat et la Servie par des roches de grenat, et de retrouver ce genre de produit igné à côté des filons granitiques dans les gneiss du Rhodope. N'y a-t-il pas dans ces associations quelque chose qui indique sous le sol de la Turquie une grande uniformité dans les éléments et les actions ignées?

De même, on pourrait proposer de voir dans la Turquie occidentale, comme en Italie, quelque connexion entre les éruptions dioritiques et serpentineuses, les redressements et les soulèvements N.-O.—S.-E., et postérieures à toute ou au moins à la plus grande portion de l'époque crétacée. Quelques parties du terrain crayeux en ont été surtout considérablement exhaussés, comme les environs de Metzovo, le Djoumerka, le Kiapha-Mala, etc. Ces éruptions n'ont pas eu lieu à l'E.

Comme il est prouvé que la formation des détroits des Dardanelles et du Bosphore tombe dans l'époque alluviale ancienne, et que la direction de cette fracture court N. 40° E. à S. 40° O., peut-on employer cette donnée pour expliquer l'écoulement des lacs d'Ichtiman et de Sophie et la direction parallèle du Schar et du Kara-Dagh? Il paraît du moins assez certain que ces chaînes ont été soulevées postérieurement aux molasses, puisque celles-ci sont redressées à leurs pieds ; mais les alluvions anciennes n'ont point été bouleversées, et gisent horizontalement dans les mêmes lieux.

On peut donc s'imaginer, à la place de la Turquie d'Europe, un archipel de 5 à 7 îles, dont la situation serait encore indiquée par les schistes cristallins, tandis que les détroits qui les séparaient sont remplis en grande partie de terrains crétacés ou récents. L'île macédonienne aurait été la plus grande, celle du Haut-Balkan aurait été démantelée, et aurait peut-être éprouvé quelques affaissements à l'E., comme celle du Rhodope au S.

A la fin des dépôts schisteux, la Turquie aurait eu en gros un relief assez voisin de celui qu'elle a à présent, à l'exception de l'absence du Balkan, des rides N.-O.—S.-E., et de leurs accidents concomitants. D'une autre part, une grande portion de ce pays était encore sous les eaux, et elle n'est émergée que graduellement, parce que chaque grande série de secousses a dû être accompagnée plus ou moins de quelques soulèvements en masse, comme de redressements, de fendillements et d'écroulements. C'est peut-être dans la direction des couches les plus anciennes de la Turquie, contraire à celle de leurs chaînes, qu'il faut chercher à debrouiller ce qui a pu exister avant ces îles, ou quels étaient la grandeur et le nombre de ces dernières.

Le soulèvement des chaînes schisteuses aurait crevassé ces îles du N. au S.; mais quelques unes auraient eu aussi à souffrir des soulèvements N.-N.-E.—S.-S.-O. Après cela, les soulèvements N.-O.—S.-E. de l'Italie se seraient fait sentir surtout dans la Turquie occidentale. Ils auraient donné lieu à une partie de la cavité de l'Adriatique, en produisant des affaissements, et en séparant en même temps plusieurs îles du continent. Dans les bouches de Cattaro et ailleurs, sur la côte dalmate, on indique encore des fentes très distinctes, et n'ayant pu être produites que par des tremblements de terre. Dans l'intérieur des terres, ces fentes et ces parties écroulées auraient déterminé la place actuelle de certains défilés, de certaines vallées, et quelquefois de lacs.

Ces mouvements extraordinaires auraient été accompagnés d'éruptions dioritiques, euphotidiques et serpentineuses, qui auraient séparé la cavité d'Ipek et de Prisren de celle de Scutari, et produit ainsi une petite mer interieure. Plus tard encore, les dépôts crétacés du Balkan auraient été émergés, et le sol ancien sous-jacent aurait participé à ce mouvement de bascule du S. au N., qui se serait propagé au loin, au S. et S.-O., sur des lignes parallèles O.—E., comme toutes les grandes oscillations.

Les bassins tertiaires et d'alluvions de la Turquie actuelle auraient presque tous existé après cet événement ; mais leurs formes auraient été modifiées par des éruptions subséquentes de trachyte et de porphyre pyroxénique. La première roche serait surtout sortie sur des failles près de la rencontre des systèmes N.-O.—S. E. et N.-N. O.—S.-S.-E. ou N.-S., ainsi que sur des fentes N.-S. entre le Rhodope et l'Asie mineure. La seconde, à la jonction des systèmes N.-O.—S.-E. de l'Hæmus et du Rhodope, serait liée au soulèvement du terrain entre le Haut-Balkan et le Rilo-Dagh, tandis que sur la mer Noire elle se serait fait jour à l'entrecroisement des systèmes de l'Hæmus et de la chaîne côtière de la Thrace, et aurait aussi produit quelques îlots dans cette mer. Des rivières auront dû ainsi changer leur cours ; comme par exemple la Maritza, les affluents supérieurs du Strymon, et même il aura pu y avoir des soulèvements en masse et des fendillements à peu près O.-E. C'est alors que les dépôts tertiaires de Strazin auront éprouvé un exhaussement, et auront été séparés de ceux du Vardar, que les vallées de l'Egridere et de Bistritza auront été peut-être produites, et que se seront vidés les bassins de Kezanlik, de Philippopoli, d'Ipek, de Nisch, de la Morava serbe et de la Narenta supérieure et moyenne.

Le porphyre pyroxénique a été accompagné aussi de quelques redressements qui ont modifié la configuration du sol et le cours de quelques torrents; mais les fendillements N.—S. sont ses effets les plus évidents, et les trachytes eux-mêmes en ont eu à souffrir, témoin la fente de l'Ibar. Cette dernière et celle du Lepenatz, sous Katschanik, ont fait écouler l'ancien lac de Kosovo et l'ont divisé en deux bassins. Alors se sont formés encore les sillons du Bosna, de l'Olt, du Maritza inférieur, du mont Kreschna, de Gradiska, de Stobi, sur le Vardar-Sarigoul, des Dibres et de Molecha qui ont vidé, le premier la cavité centrale de la Bosnie, le second le bassin méridional de la Transylvanie, le troisième en grande partie celui d'Andrinople, le quatrième ceux de Radomir, de Kostendil et de Doubñitza, le cinquième celui du Vardar supérieur, le sixième celui de Monastir, le septième et le huitième en partie ceux d'Ochrida et de Geortsché. Des émanations hydrosulfureuses ont changé alors du calcaire de Dibre en gypse et y continuent encore sous la forme d'eaux thermales.

La formation des fentes N. 40° E. à S. 40° O. nous paraît devoir avoir coïncidé avec celle de grands affaissements, à la suite desquels l'Asie et l'Europe ont été séparées par des mers ou des détroits. Ce mouvement du sol aurait aussi achevé le relief des rivages surtout méridionaux de la Turquie. C'est alors que la plaine de la Thessalie a cessé d'être un grand golfe marin, et qu'elle a été transformée en un lac bas, et plus tard en deux lacs, qui se sont écoulés plus tard par la fente de Tempé. Le bassin de l'Indge-Karasou a pu de même se vider. De grands soulèvements en masse, lors de l'époque alluviale ancienne, n'ont pas donné lieu en Turquie au phénomène des blocs erratiques, puisqu'on n'en voit pas de traces.

Enfin les lacs d'eau douce qui avaient succédé çà et là, dans la Thrace, la Macédoine, la Thessalie, la Haute-Albanie, la Mœsie, etc., aux baies tertiaires, se seront écoulés, et ces contrées auront pris tout-à-fait leur aspect présent, et les grandes rivières auront suivi leur cours actuel. L'île entre Baba-Dagh et Matschin, au-devant du golfe tertiaire valaque, se sera unie alors au continent bulgare, et le cours inferieur du Danube aura commencé à décrire au N. un grand coude.

Quelques lacs seront restés surtout dans la Turquie occidentale et orientale; or tous indiquent par leurs alentours qu'ils avaient jadis un niveau beaucoup plus élevé. Ceux sur le Danube ne sont que des preuves des changements dans le lit de ce fleuve, ou des débouchés de ses affluents. Depuis les temps historiques, des marecages se sont desséchés comme sur le

Strymon et la Maritza, des rivières ont modifié leurs lits, et des tremblements de terre se sont fait sentir, en ayant été rarement si désastreux qu'en Syrie et dans l'Asie mineure. Du temps d'Antigone, roi de Macédoine, le promontoire de Méthane a éprouvé, dit-on, un exhaussement. Sous Justinien, en 551, le golfe de Corinthe et la Syrie souffrirent beaucoup de secousses semblables. On en a ressenti surtout dans la Thrace et au pied N. du Rhodope. En 1818 les environs de Philippopoli ont été fortement ébranles. Dans l'Albanie maritime, l'Acarnanie et la Macédoine, on en a aussi souffert quelquefois. En Herzegovine, les environs de Stolatz et de Gabella, dans le bassin du Narenta, ont éprouvé des secousses qui sont peut-être en quelque rapport avec les détonations de l'île de Meleda, en Dalmatie, et ces chocs de tremblements si fréquents à Janina par la grosse chaleur et la sécheresse. En 1443 un tremblement de terre se propagea de l'Adriatique en Hongrie, en Pologne et en Bohême. Raguse fut détruite, le 6 avril 1667, par un tremblement qui s'étendit sur une bonne partie du littoral oriental de l'Adriatique, ou dans le système du N.-O.—S.-E. de la Turquie. Cinq mille personnes périrent, et quatre fois la mer se jeta sur la côte (1).

Il y a eu plusieurs tremblements de terre notables à Douratzo, en Albanie, ainsi que dans l'Acrocéraune. En 1817, le 28 août, les environs de Vostitza, en Grèce, ont senti des secousses de tremblements de terre. En decembre 1820 la Morée a été ébranlée; en janvier 1821 la mer s'y est retirée, par suite d'un phénomène semblable. Le 7 et le 15 avril 1821, Patras a éprouvé un tremblement. Pendant l'automne de 1838, les bords de l'Adriatique ont été visités par des chocs de tremblement de terre, qui ont pu être en rapport avec les éruptions du Vésuve et de l'Etna. Le 23 juin, on en avait res-

---

(1) Voyez *Relazione dell horribile terremoto sequito nella cita di Ragusa ed altre della Dalmatia ed Albania il gioino del 6 aprili* 1667. Raguse, 8°.

senti à Venise, le 9 août à Fiume et dans la Dalmatie, et la nuit du 9 au 10 août nous en avons senti à Janina.

D'après M. Pouqueville, les tremblements de terre s'arrêtent dans l'Epire, au pied du Pinde, et ne s'aperçoivent jamais dans les hautes régions de ces montagnes. Ils sont surtout fréquents après les longues sécheresses et au commencement du printemps. La direction des chocs suit la direction N.-O. —S.-E. des chaînes, et on prétend qu'un bruit sourd accompagne quelquefois ces mouvements du sol (1). Les habitants du Bosphore veulent avoir remarqué aussi une coïncidence entre la grande chaleur et les chocs de tremblements de terre.

La Valachie a éprouvé, le 23 janvier 1838, les effets désastreux d'un tremblement de terre, sur lequel M. Schuler a fait un rapport au gouvernement, et dont les chocs ont eu une direction S.-E. au N.-O. Outre les désastres arrivés à Bukarest et dans d'autres villes, il s'était formé des fentes dans les districts de Slam-Rimnik (arrondissement de Gradischti, de Mardjine-Dejos, de Rimnik de Sus), de Jalovitz, de Bouseo (Kimpoul, etc.), de Sekoneni, de Prahova et de Dumbovitza (arrondissement de Kobii, etc.). Du sable et de l'eau noircis par le bitume, ou jaunis ou rougis par des matières ferrugineuses, sont sortis de toutes ces fentes, excepté de celles de Babeni, où il y a eu des affaissements de terrain. Le sable s'est amoncelé çà et là en espèces de petites digues sur ces fentes, et quelques personnes croient avoir vu un phénomène lumineux. M. Schuler pense que ce fendillement du terrain alluvial et tertiaire est dû à la pression exercée par une surabondance d'eau, dans des rivières souterraines, au milieu de couches imperméables. Ces dernières crevassées, l'eau se serait fait jour, et aurait entraîné avec elle des sables, tandis que les fentes se sont remplies aussi bien par des matières tombées d'en haut que venues d'en bas. Les affaissements de Babeni seraient la suite de l'écroulement d'une ca-

---

(1) *Voyez* le *Voyage* de M. de Pouqueville, vol. II, p. 450.

verne calcaire. Une autre explication pourrait être donnée, sans pour cela détruire tout-à-fait celle de M. Schüler, c'est d'attribuer les secousses à une force volcanique gisant bien plus profondément que les couches aquifères; or les fentes une fois produites à travers ces dernières, il est évident que la pression des colonnes d'eau devait en faire sortir à la surface, et y amener des sables (1).

(1) Voyez *Notice sur les crevasses et autres effets du tremblement de terre du* 11 (A. S.) ou 23 *janvier* 1838, etc.; par M. Schuler. Bucharest, 1838, 20 pages in-folio, avec une planche. Extrait du N° 95 du *Romania.*

FIN.

BIBLIOTHÈQUE ROYALE

www.ingramcontent.com/pod-product-compliance
Ingram Content Group UK Ltd.
Pitfield, Milton Keynes, MK11 3LW, UK
UKHW031844260826
14628UKWH00002B/567

9 782014 114959